MÉLANGES

DE MORALE,

D'ÉCONOMIE ET DE POLITIQUE.

TOME I.

IMPRIMÉ CHEZ PAUL RENOUARD,
RUE GARANCIÈRE, N° 5.

MÉLANGES

DE MORALE,

D'ÉCONOMIE ET DE POLITIQUE,

EXTRAITS DES OUVRAGES

DE BENJAMIN FRANKLIN,

ET PRÉCÉDÉS D'UNE NOTICE SUR SA VIE,

PAR A.-CH. RENOUARD, AVOCAT.

SECONDE ÉDITION, REVUE ET AUGMENTÉE.

TOME PREMIER.

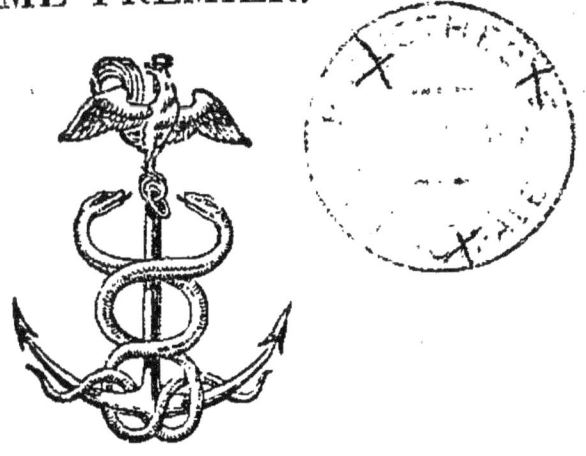

A PARIS,

CHEZ JULES RENOUARD, LIBRAIRE,

RUE DE TOURNON, N° 6.

1826.

PRÉFACE.

Le nom de Franklin est vénéré en France; mais ses ouvrages n'y sont point encore aussi connus qu'ils devraient l'être. C'est là ce qui nous a déterminés à publier ce recueil, qui nous a semblé utile aux progrès de la raison publique, et digne de l'intérêt de toutes les classes de lecteurs. La première édition ayant été promptement épuisée, nous en donnons une seconde, augmentée de plusieurs morceaux. Les *Mémoires de la vie de Franklin*, qui ne sont pas assez lus, peuvent être regardés comme un chef-d'œuvre de morale : nous en préparons une nouvelle traduction. *La Science du bonhomme Richard* a été beaucoup répandue ; c'est le modèle des livres de lecture populaire : nous l'avons publiée à part, précédée d'un calendrier, au prix de 25 cent., et de 20 fr. les cent exemplaires. Un autre almanach, également composé de morceaux écrits par Franklin, a suivi le premier, sous le titre de *Conseils pour faire fortune*. Un grand nombre des pièces contenues dans cette seconde édition des *Mélanges* n'avaient jamais été traduites en français. Elles se recommandent, cependant, comme toutes les autres, par cette alliance du bon sens, de la finesse et de la grâce, qui imprime le cachet de la plus heureuse originalité à tout ce qui est sorti de la plume du sage dont l'Amérique s'honore, et que la France, dont il aimait le séjour, a possédé pendant plusieurs années.

Une édition élégante des opuscules de Franklin, en français et en anglais, a été publiée par M. A.-A. Renouard, en 1795; mais elle ne contenait que peu de morceaux. M. Castéra a donné à Paris, en l'an VI, à la suite de la partie des Mémoires seule connue à cette époque, un assez grand nombre de pièces diverses. Notre recueil en contient de nouvelles. Toutes celles qui avaient déjà été traduites ont été soigneusement revues sur le texte original. Quelques recueils de ce genre ont aussi été imprimés en Angleterre; mais ils diffèrent de celui-ci par le choix et par l'ordre des pièces.

NOTICE SUR FRANKLIN.

Il a existé fort peu d'hommes qui se soient placés à un aussi haut rang que Franklin parmi les bienfaiteurs de l'humanité, et dont la vie offre autant de bons exemples à suivre et d'utiles leçons à recueillir. Philosophe comme l'était Socrate, il a étudié la morale sur lui-même, et ne s'est cru le droit de donner des leçons qu'après avoir d'abord appliqué ses préceptes à sa propre vie. Politique à-la-fois généreux et adroit, il a consacré ses efforts à éclairer les esprits, et à civiliser le monde; il n'a voulu être redevable de ses succès qu'à la persuasion; il n'a transigé sur aucun de ses devoirs, ni cédé aucun de ses droits; personne, autant que lui, n'a contribué à préparer l'émancipation des États-Unis d'Amérique, et à la consolider : immense évènement! dont toutes les conséquences sur le sort du monde sont loin d'être encore aperçues. Observateur patient et judicieux de la nature, il lui a dérobé plus d'un secret; c'est à son génie investigateur qu'est due l'invention des paratonnerres; et les usages les plus ordinaires de la vie se sont enrichis par les nombreuses applications qu'il a su faire des sciences. Sa triple gloire de moraliste, de citoyen et de savant, n'a été souillée par aucune tache, et son nom est un de ceux auxquels le genre humain n'attachera jamais que des souvenirs de reconnaissance. Le monde entier a retenu le beau vers de Turgot en son honneur :

Eripuit cœlo fulmen, sceptrumque tyrannis.

Dans ce vers concis et énergique, Franklin n'est pas apprécié tout entier encore; s'il faut le louer d'avoir arraché au ciel la foudre, et le sceptre aux tyrans, il ne faut pas oublier dans son éloge qu'il a voulu et qu'il a su arracher de son âme les germes de vices toujours mêlés dans l'homme aux dispositions les plus nobles pour la vertu.

BENJAMIN FRANKLIN naquit à Boston, le 17 janvier 1706. Joseph Franklin son père, qui avait eu sept enfans de sa première femme, en eut d'Abiah Folgier, mère de Franklin, dix que leur mère nourrit tous, et qui parvinrent tous à l'âge de maturité. Joseph Franklin avait d'abord le dessein de consacrer à l'église Benjamin, le dernier de ses fils, comme la dîme de ses enfans; et, à huit ans, il l'envoya dans une école; mais renonçant à son projet, il le reprit chez lui, à dix ans, pour s'en faire aider dans sa profession de fabricant de chandelles et de savon. Le jeune Franklin n'aimait pas ce métier, et montrait un goût décidé pour la marine. Son père, qui se souciait peu de lui voir embrasser ce parti, le conduisit, à douze ans, dans divers ateliers, et le mit, à l'essai, pendant quelques jours, chez un coutelier de ses neveux; mais, trouvant l'apprentissage trop cher, il le fit encore revenir chez lui. Benjamin, passionné pour la lecture, employait à acheter des livres tout l'argent dont il pouvait disposer, et dévorait tous ceux qui lui tombaient sous la main. Parmi les livres qui le frappèrent le plus, il cite les vies de Plutarque. Cet ouvrage est aussi celui que J.-J. Rousseau signale comme ayant produit sur son esprit, dans ses lectures d'enfance, l'impression la plus vive. C'était dans la même année, au même instant peut-être, que ces deux hommes, dont les esprits étaient de trempe si différente, et qui tous deux devaient tant occuper le monde, faisaient leur propre éducation par la lecture, et se sentaient frappés d'admiration pour le même livre. J.-J. Rousseau, plus jeune de six années, a prétendu qu'il devait à Plutarque son esprit libre et républicain, son caractère indomptable et fier, impatient de toute servitude; mais Rousseau avait, en outre, lu beaucoup de romans, et lui-même leur attribue les notions bizarres et romanesques sur la vie humaine, desquelles il convient avec bonne foi que l'expérience et la réflexion n'ont jamais bien pu le guérir. Franklin, au contraire, lisait avec Plutarque des relations de voyages, des écrits de théologie polémique. Il cite particulièrement deux ouvrages, comme ayant influé puissamment sur la direction que prirent ses pensées : l'un intitulé *Essai sur les Projets*, par Foë, auteur de Robinson Crusoé; l'autre, *Essai sur les moyens de faire le bien*, par le docteur Mather. Lorsqu'on voit des hommes comme Franklin et Rousseau, après avoir passé leur vie à s'étudier eux-mêmes et à réfléchir sur la morale, chercher dans leurs premières lectures l'explication la plus efficace de leur destinée intellectuelle, quelle leçon on reçoit sur la nécessité de veiller aux lectures de l'enfance, et de ne lui laisser sous la main que des ouvrages propres à développer en elle des sentimens nobles et généreux !

La passion de Franklin pour les livres détermina son père à en faire un imprimeur, quoique ayant déjà un fils qui exerçait à Boston la même profession. A douze ans, donc, Benjamin fut mis en apprentissage chez son frère James, avec la condition de le servir jusqu'à vingt-un ans comme apprenti, et de recevoir, seulement pendant la dernière année, le salaire d'un ouvrier. Son amour pour la lecture trouva, dans sa profession nouvelle, de nouveaux alimens; il se mit, de plus, à faire des vers, et composa, sur des sujets de circonstances, deux ballades populaires que son frère lui envoya vendre dans la ville. Elles eurent du débit, et ce succès flatta sa vanité; mais son père, homme de sens, le sauva du danger de devenir un mauvais poëte, en le critiquant à propos, et en lui faisant remarquer le sort misérable des faiseurs de méchans vers. Ce fut également par l'effet des conseils de son père qu'il éprouva le besoin de se former à écrire en prose. Franklin avait engagé une discussion par écrit avec un de ses amis, sur la question de savoir si une éducation scientifique convient aux femmes.

La correspondance tomba entre les mains de son père, qui fit remarquer au jeune imprimeur que s'il avait l'avantage sur son antagoniste, par l'orthographe et par la ponctuation, il n'avait ni la même élégance ni la même clarté d'expression. Franklin prit la résolution de se former un style meilleur. Un volume du *Spectateur* lui étant tombé sous la main, ce fut cet ouvrage qu'il se donna pour modèle. Il choisissait un morceau, en faisait un extrait succinct, restait quelques jours sans le relire, puis s'exerçait à le recomposer de son mieux. Il rapprochait ensuite du texte original ce que lui-même avait écrit, et, dans cette comparaison, il puisait des leçons de grammaire et de goût. Quelquefois il brouillait, à dessein, les notes qu'il avait prises, puis, après quelques semaines, s'efforçait de retrouver la suite des idées de l'auteur. Souvent aussi, il mettait en vers certains morceaux, et ensuite les retraduisait en prose, examinant avec soin les altérations qu'ils subissaient dans ces transformations successives, et se sentant satisfait et encouragé lorsqu'il croyait avoir rencontré quelque expression plus heureuse que celles de son modèle. Le temps qu'il prenait pour ce travail était la nuit, le matin avant l'heure de l'ouvrage, et le dimanche.

Tandis qu'il s'occupait à perfectionner son style, il lui tomba sous la main un essai de logique terminé par une discussion à la manière de Socrate. Cet exemple, et la lecture des *Entretiens mémorables de Socrate*, par Xénophon, l'enchantèrent, et lui firent adopter cette méthode socratique qui n'est commode que pour ceux qui savent la manier habilement, et par laquelle, se bornant à interroger humblement ses contradicteurs, on les fait tomber de conséquences en conséquences dans des difficultés inextricables. Après avoir, pendant quelques années, suivi cette marche, qui, avec son goût pour la controverse, lui valut souvent des succès, il finit cependant par l'abandonner peu à peu, à mesure qu'il se fut pénétré davantage des inconvéniens et de l'inutilité des conversations querelleuses. Il ne retint de cette méthode que l'aversion des formes dogmatiques, et l'habitude d'un ton dubitatif qu'il se plut à conserver toute sa vie.

En 1720 ou 1721, James Franklin avait commencé à imprimer un journal : c'était le second qui se publiait en Amérique. A force d'entendre la conversation des personnes que la rédaction de cette feuille attirait à l'imprimerie, le jeune Franklin prit fantaisie de s'essayer à y écrire. Mais, craignant que son frère, qui lui montrait assez peu d'égards, ne refusât d'imprimer ce qui serait venu de lui, il imagina de déguiser son écriture, et de placer le soir son manuscrit sous la porte de l'imprimerie. L'article fut imprimé : il eut du succès. Le jeune anonyme continua le même manège, et ne se découvrit enfin que lorsqu'il sentit son fonds de composition s'épuiser. A quelque temps de là, un morceau politique, inséré dans la Gazette, ayant déplu à l'autorité, James Franklin fut mis en prison pour un mois, et défenses lui furent faites, à sa sortie, de continuer son journal, qui parut alors sous le nom de Benjamin Franklin.

Cette publication avait lieu depuis plusieurs mois, lorsque des querelles avec son frère décidèrent Benjamin Franklin à le quitter. Il partit de Boston, alla à New-York, puis à Philadelphie, où il arriva n'ayant qu'un dollar dans sa poche, et où il trouva de l'emploi chez un nommé Keimer, l'un des deux imprimeurs établis alors dans cette ville. Il commençait, grâce à sa vie laborieuse et frugale, à gagner quelque argent, lorsqu'il attira l'attention de sir William Keith, gouverneur de la province. Cet homme le prit en amitié, lui mit en tête de former un établissement, et lui persuada de faire le voyage de Londres, pour s'y procurer le matériel d'une imprimerie, en lui promettant son crédit et des recommandations. Franklin accepta; mais le gouverneur était un de ces personnages fort libéraux en paroles, qui s'inquiètent peu de compromettre un jeune homme, en l'engageant dans des entreprises aventureuses, sur la foi des promesses mensongères qu'ils prodiguent par vanité. Les lettres remises à Franklin ne faisaient nulle mention de lui, et, lorsqu'il arriva à Londres, à la fin de décembre 1724, il s'y trouva sans la moindre ressource. Il chercha de l'ouvrage comme ouvrier imprimeur, et entra chez Palmer. Pendant qu'il y était employé, il travailla, comme compositeur, sur la seconde édition de *la Religion naturelle* de Wollaston; l'idée lui vint de combattre quelques-uns des raisonnemens de cet ouvrage, et il écrivit, à ce sujet, une petite brochure métaphysique qu'il intitula : *Dissertation sur la liberté, la nécessité, le plaisir et la peine*; mais dont il ne tira qu'un petit nombre d'exemplaires. Il ne tarda pas à condamner lui-même les principes de cet écrit, et, dans ses *Mémoires*, il s'en reproche l'impression comme un des *errata* qu'il voudrait corriger dans sa vie, s'il lui était donné de la recommencer. Il composa, six ans après, sur la même question, et dans un sens opposé, une dissertation qui n'a jamais été imprimée.

Franklin travailla un an chez Palmer, gagnant quelque argent, mais le dépensant dans la société d'un de ses amis, nommé Ralph, qui avait entrepris le voyage avec lui, et auquel il avait dédié sa brochure. Lorsqu'il fit quelques économies, son ami Ralph les lui emprunta, pour ne jamais rien lui rendre. Franklin alla travailler alors chez l'imprimeur Watts, forma la résolution d'apporter, dans son genre de vie, l'économie la plus rigoureuse, et vécut avec une frugalité tellement exemplaire, qu'il parvint à amener ses camarades d'atelier à une vie régulière et sobre.

Des offres de diverses natures furent faites à Franklin, pour le retenir en Angleterre, et il formait le projet d'y ouvrir une école de natation, lorsqu'il se décida, sur l'offre d'un négociant quaker, nommé Denham, à s'attacher à lui comme commis, et à retourner à Philadelphie. Il quitta Londres au mois de juillet 1726, et s'embarqua pour l'Amérique, où il arriva au mois d'octobre suivant. Son journal pendant la traversée, qui est imprimé à la suite de ses *Mémoires*, montre que déjà, quoique jeune, il s'était imposé la précieuse habitude de consigner par écrit, jour par jour, le souvenir de ce qui le frappait. Un excellent esprit d'observation se manifeste dans ces notes, parmi lesquelles on doit regretter de ne pas trouver la partie qu'il signale lui-même comme la plus importante. C'est un plan de conduite, qu'il avait dressé pendant la traversée, et auquel il annonce s'être assez exactement conformé jusque dans sa vieillesse.

Quelques mois après son retour à Philadelphie, ayant eu la douleur de perdre le respectable Denham, il prit le parti de rentrer chez l'imprimeur Keimer, fut placé à la tête de sa maison qu'il mit en bon ordre, fondit pour lui des caractères, fabriqua de l'encre, exécuta diverses gravures. Bientôt il forma lui-même un établissement, en société avec un nommé Mérédith. Son activité et son ardeur infatigable lui attirèrent l'estime générale, et, sa société ayant été dissoute vers 1729, il se vit seul à la tête d'une imprimerie florissante, dont il était propriétaire, et à laquelle il joignit, par la suite, une boutique de papeterie. En 1730, il épousa miss Read, et trouva, dans sa femme, une compagne qui partageait ses travaux, et dont l'extrême économie, d'accord avec la sienne, ne tenait cependant en rien de l'avarice.

C'est à l'époque de l'établissement de Franklin comme imprimeur à Philadelphie, en société avec Mérédith, que sa vie, jusqu'alors renfermée dans un cercle assez étroit, commença à prendre quelque importance. Un mauvais journal, qu'il avait acheté de Keimer, acquit entre ses mains de l'intérêt, et se propagea rapidement. Il y prit part aux querelles qui divisaient l'assemblée générale de Pensylvanie et le gouvernement de la province. Il publia aussi, dans le même temps, un pamphlet sur *la nature et la nécessité d'un papier-monnaie*. La mesure d'une augmentation de papier-monnaie ayant été adoptée, Franklin obtint l'impression des billets. Son activité pour les affaires ne l'empêchait pas de travailler à la culture et au perfectionnement de son intelligence. A son retour à Philadelphie, il avait organisé un club, qui s'assemblait tous les vendredis soirs, et où chaque membre était tenu de proposer, à son tour, une ou plusieurs questions sur quelque point de morale, de politique, de philosophie naturelle, et de lire une fois, tous les trois mois, un essai de sa composition sur tel sujet que bon lui semblerait. Ce club prit de l'accroissement, devint la meilleure école de philosophie et de politique de toute la province, et subsista pendant plus de quarante années. Comme les livres, alors fort rares en Amérique, étaient souvent cités dans les discussions, Franklin fit la proposition de réunir tous ceux que chacun possédait, et de les mettre à l'usage de tous les membres du club. Les avantages que procura cette collection le conduisirent à concevoir le plan d'une bibliothèque par souscription, qui fut son premier projet d'utilité publique. « Il y avait alors, dit-il dans ses *Mémoires*, si peu de lecteurs à Philadelphie, et nous étions la plupart si pauvres, que, malgré tous mes soins, il me fut impossible de trouver plus de cinquante personnes, presque tous de jeunes négocians, qui consentissent à payer d'abord quarante shillings, et ensuite dix shillings par an, pour cet établissement. Ce fut avec ce petit fonds que nous commençâmes; les livres furent importés; la bibliothèque fut ouverte une fois par semaine, pour prêter aux souscripteurs ceux qu'ils pourraient desirer, sous leur obligation de payer le double de leur valeur, s'ils ne les rendaient pas en bon état. On en sentit bientôt l'utilité : de pareils établissemens se formèrent dans d'autres villes et dans d'autres provinces; les bibliothèques s'accrurent par des donations particulières; la lecture devint à la mode; et le peuple, n'ayant pas d'amusemens publics pour se distraire de l'étude, finit par faire, avec les livres, une connaissance plus intime. Enfin, au bout de quelques années, les étrangers reconnurent qu'il était plus instruit et plus intelligent que celui des autres pays ». « Ces établissemens, dit-il ailleurs, sont devenus considérables, et vont toujours en augmentant : ils ont contribué à rendre généralement la conversation plus instructive, à répandre, parmi les marchands et les fermiers, autant de lumières qu'on en trouve ordinairement, dans les autres pays, parmi les gens de la classe la plus éclairée ; peut-être même, ont-ils été pour quelque chose dans la vigoureuse résistance que toutes les colonies américaines ont apportée aux attaques dirigées contre leurs droits. »

Le nombre des membres du club avait,

dès l'origine, été fixé à douze, et l'on s'était promis de tenir, sur cette association, un secret qui fut assez bien gardé. Quelques années plus tard, Franklin fit la proposition que chaque membre, séparément, tâchât de former un club subordonné qui aurait les mêmes réglemens, s'occuperait des mêmes objets, mais dont les membres ne seraient pas informés de sa liaison avec le club central, que l'on appelait *la Junte*. Les avantages que Franklin annonçait, comme devant résulter de cette proposition, étaient de former le cœur et l'esprit d'un plus grand nombre de jeunes gens, d'augmenter l'influence des membres du club, et d'étendre leurs relations; c'était, enfin, d'arriver à mieux connaître, en toute occasion, l'opinion générale des habitans, chaque membre ayant droit de proposer dans son club telles questions qu'il jugerait convenables, et devant en faire son rapport à la Junte. Ce projet fut approuvé : cinq ou six clubs furent établis sous différens noms, comme *la Vigne*, *l'Union*, etc. Ils répondirent, dans plusieurs circonstances, à l'objet de leur institution, et plus d'une mesure d'utilité générale ne fut proposée publiquement, qu'après avoir été d'abord préparée dans les clubs.

Ce qui doit être principalement remarqué dans la vie de Franklin, c'est la persévérance et l'énergie des efforts auxquels il s'est livré constamment pour cultiver sa raison, et pour s'améliorer lui-même. Ce fut lui seul qui fit son éducation ; à quatorze ou quinze ans, il avait formé son style par des exercices qu'il s'était créés : à vingt ans, il se traçait un plan de conduite dont il s'est peu écarté dans le reste de sa vie, et il pratiquait l'excellente et salutaire habitude de tenir un journal de ses actions et de ses observations. La formation de son club annonce la même volonté de travailler au perfectionnement de son intelligence. On verra dans ce recueil le plan qu'il concevait à vingt-cinq ans pour se former à la vertu. Ce morceau remarquable est l'un des plus beaux exercices de morale pratique qui puisse fixer l'attention des hommes, et donner à leurs résolutions de bien vivre une direction utile.

La publication de l'*Almanach du Bon-Homme Richard*, commencé en 1732, fut un service signalé que Franklin rendit à son pays. Le morceau, si connu, dans lequel, en 1757, il a réuni les préceptes répandus dans ses almanachs, est un modèle à suivre pour les écrits destinés à l'éducation populaire, et peut-être, depuis l'*Évangile*, n'a-t-il été publié aucun livre qui ait répondu aussi heureusement à cette salutaire destination.

Le premier pas de Franklin dans les affaires publiques fut d'être nommé, en 1736, secrétaire de l'assemblée générale de Pensylvanie, fonction qui ne lui donnait pas voix dans l'Assemblée. L'année suivante, il fut nommé délégué du maître-général des postes à Philadelphie. Ses pensées commencèrent alors à se tourner vers les affaires publiques, et il ne s'occupa d'abord que d'objets d'un ordre inférieur. La police de la ville attira son attention, et ce fut par ses soins que la première compagnie pour éteindre les incendies se forma à Philadelphie. Il fut l'un des commissaires chargés de présider à la construction d'un vaste édifice destiné à l'usage de tout prédicateur, de quelque religion qu'il fût, qui voudrait adresser des discours au peuple. En 1742, il inventa des cheminées économiques, et, au lieu d'accepter la patente qui lui fut offerte pour leur vente exclusive, il publia généreusement son procédé; il prétendait que, comme nous retirons de grands avantages des inventions des autres, nous devons être charmés de trouver l'occasion de leur être utiles par les nôtres. En 1744, il fit réussir, malgré une vive opposition, un projet de la plus haute importance, qui consistait à organiser parmi les citoyens une milice nationale et volontaire, pour la défense de la province, dont les frontières étaient menacées par les incursions des Indiens, pendant la guerre de la France et de l'Espagne contre l'Angleterre. Élu colonel par les officiers du régiment de Philadelphie, il refusa d'accepter cette nomination.

En 1747, il fut élu membre de l'Assemblée, dont il avait, tous les ans, été réélu secrétaire, fonctions dans lesquelles on le remplaça par son fils. C'était peu de temps auparavant, que, dégagé de son commerce, et y ayant acquis de l'aisance, il avait commencé à faire des expériences sur l'électricité. Il porta dans cette étude toute l'activité d'esprit, et toute la justesse d'observation qui le distinguaient si éminemment. Ses travaux sur l'électricité positive et négative, et sur la similitude de la foudre et du fluide électrique, ont été l'admiration de tous les savans; assez peu remarqués d'abord de la Société royale de Londres, à laquelle ils étaient adressés, ils furent accueillis en France avec le plus grand empressement. Buffon les jugea dignes de toute son attention; il répéta avec succès les expériences qui y étaient indiquées, et qui furent renouvelées ensuite en présence de Louis XV. On sait comment Franklin, pour confirmer les théories qu'il avait découvertes, imagina d'enlever par un temps d'orage un cerf-volant auquel il avait fixé une pointe de fer, et dont la corde de chanvre, au bout de laquelle une clef était attachée, devait servir de conducteur pour tirer des nuages mêmes l'étincelle électrique, au risque pour l'observateur hardi de ce phénomène, de payer de sa vie le succès de son expérience. L'humanité tout entière profita promptement de cette découverte, dans laquelle le génie de Franklin, toujours dirigé vers les applications utiles, puisa l'invention des paratonnerres.

Les recherches scientifiques de Franklin ne l'empêchaient pas de travailler au perfectionnement des institutions intérieures de son pays. Philadelphie manquait de collèges où la jeunesse pût recevoir une éducation à peu près complète. Il parvint, après beaucoup d'efforts, à lui en donner un, et fonda, par le moyen d'une souscription, une Académie, dont il resta l'un des administrateurs gratuits pendant près de quarante ans, et qui fut le berceau de l'université de Philadelphie. En 1748, il fut désigné par l'Assemblée, pour traiter avec les Indiens qui inquiétaient les frontières; en 1751, il seconda puissamment son ami le docteur Bond dans la fondation d'un hôpital, car le crédit qu'il s'était acquis était devenu tel, qu'un projet d'utilité publique ne pouvait réussir sans qu'il y prît part. Le pavage et le nettoiement de la ville, attirèrent aussi son attention. Nommé, en 1753, maître-général des postes en Amérique, il sut, en peu de temps, apporter dans les revenus de cette administration une augmentation considérable.

La guerre entre la France et l'Angleterre ayant éclaté de nouveau, Franklin proposa un plan d'union entre les colonies Américaines pour se concerter et se soutenir dans la défense du pays, en organisant un gouvernement central formé d'un président nommé par le roi, et d'un grand conseil élu par les différentes colonies. Ce projet, adopté à l'unanimité par un congrès spécial de commissaires délégués par toutes les Colonies, fut cependant rejeté en Amérique, par les assemblées des provinces, comme accordant trop à la prérogative royale, et blâmé en Angleterre comme trop favorable à la démocratie. L'adoption de ce projet n'aurait sans doute pas suffi pour cimenter une union perpétuelle et indissoluble entre l'Angleterre et l'Amérique; car il est dans la nature des choses que des colonies, lorsque l'âge de l'émancipations est arrivé pour elles, ne s'accommodent d'aucun autre état que de l'indépendance ; mais la séparation des deux pays aurait, du moins, été retardée; ils ne se seraient détachés l'un de l'autre que par degrés, ou même ils auraient pu rester pour toujours unis ensemble par quelques liens, au lieu de briser violemment leur alliance, et de se séparer à jamais par un funeste déchirement. Il en a été autrement. « Ceux qui gouvernent, dit à ce sujet Franklin dans ses *Mémoires*, ayant à s'occuper de beaucoup d'affaires, n'aiment pas en général à se donner la peine d'examiner de nouveaux projets et de les mettre à exécution. Les meilleures mesures d'intérêt public sont rarement adoptées par une sagesse de prévision, elles sont forcées par l'occasion. »

Des troupes furent envoyées d'Angleterre pour la défense de l'Amérique. Franklin employa tous ses soins et usa de toute son activité pour maintenir la bonne harmonie entre les soldats et les habitans. Il veilla surtout avec sollicitude à ce que l'armée eût les approvisionnemens et les voies de transport nécessaires, et à ce que les chariots, chevaux et denrées fussent payés aux habitans : son crédit personnel, et surtout la foi générale attachée à sa parole, suffirent pour aplanir tous les obstacles. Il ne craignit pas d'engager, dans l'intérêt de la paix publique, une grande partie de sa fortune, et fit des avances considérables dont il eut beaucoup de peine dans la suite à obtenir l'entier remboursement. La défaite du général anglais Braddock, au fort Duquesne, ayant inspiré pour la sûreté des frontières de vives inquiétudes, il fut chargé d'organiser la défense de la frontière du Nord-Ouest, et ne quitta le commandement que lorsqu'il eut fait construire trois forts à Béthléem pour protéger les établissemens des frères Moraves. Élu colonel d'un régiment de la milice à son retour à Philadelphie, il accepta cette nomination, que précédemment il avait refusée lors de la première formation de la milice volontaire, provoquée par lui pendant la guerre précédente.

Ce fut pendant cette guerre que se développèrent, avec beaucoup d'aigreur, les discussions entre l'Assemblée et le gouverneur de la province, qui, outre ses pouvoirs politiques et administratifs, avait charge de représenter les descendans du fondateur de la Colonie, Guillaume Penn, et de stipuler leurs intérêts. Ces descendans du fondateur, que l'on appelait *les propriétaires*, et qui avaient le droit de nommer le gouverneur, prétendaient que leurs vastes domaines devaient rester exempts de taxes; et en conséquence ils refusaient de supporter aucune part dans les contributions destinées à couvrir les dépenses de la guerre. Après beaucoup de débats longs et animés, dans lesquels Franklin, en toute occasion, embrassa vivement la cause du pays contre celle du privilège, l'assemblée prit la résolution d'adresser une pétition au roi, et elle chargea Franklin de ce message. Il arriva à Londres le 27 juillet 1757

C'est à cette époque de la vie de Franklin que s'arrêtent les *Mémoires* qu'il a laissés, et desquels ont été extraits, pour la plus grande partie, les détails qui précèdent. On doit regretter vivement que le temps lui ait manqué pour les continuer. Il est peu de lectures plus attachantes et plus instructives. La sincérité de ses récits, à-la-fois spirituels, gais et naïfs, le bon sens exquis de ses observations, et surtout les détails dans lesquels il entre pour exposer le travail qu'il a constamment fait sur lui-même, fournissent un grand nombre de leçons propres à se graver profondément dans les esprits; et quoique sa vie, pendant le période qui nous reste à parcourir, ait été remplie par des occupations plus éclatantes, et placée sur un plus vaste théâtre, on peut douter que les succès brillans de l'homme d'état présentent un intérêt plus vif et une plus utile instruction que les progrès du jeune ouvrier, s'élevant seul, par sa force morale, et par son active industrie, à l'un des rangs les plus élevés parmi les bienfaiteurs de l'humanité et de la civilisation.

Franklin, arrivé à Londres, n'adopta pas la marche des négociateurs ordinaires, et ne crut point que des intrigues de cabinet ou des causeries diplomatiques pussent suffire pour faire comprendre et pour débattre les intérêts de deux nations. Il commença par étudier l'état de l'opinion publique, et crut nécessaire de faire insérer dans les journaux, sous le nom de son fils, une réponse aux articles dans lesquels les affaires de Pensylvanie étaient représentées sous un faux jour. Dans le cours des négociations, au commencement de 1759, il publia un ouvrage qu'il laissa attribuer à ce même James Ralph, avec lequel il avait fait son premier voyage à Londres. Il était intitulé : *Revue historique de la constitution et du gouvernement de la Pensylvanie, depuis son origine, en ce qui concerne les divers points de difficultés qui se sont élevées de temps en temps entre les gouverneurs et l'assemblée de cette colonie, le tout ap-*

puyé de documens authentiques. Cette publication produisit tout l'effet que son auteur pouvait en attendre : elle frappa vivement l'opinion publique ; et la famille de Penn, sans attendre le jugement du procès, consentit que ses biens fussent soumis aux taxes, pourvu que Franklin, au nom de ses commettans, donnât sa garantie personnelle qu'ils ne seraient point imposés au-delà d'une juste proportion. Lorsqu'on fut informé en Amérique de l'heureuse issue de cette affaire, les colonies de Massachusetts, de Maryland et de Géorgie, le nommèrent leur agent à Londres. Pendant son séjour, il fut reçu membre d'un grand nombre de sociétés savantes ; il partageait son temps entre les sciences et les affaires publiques. Ce fut lui qui conseilla l'expédition par laquelle le Canada fut enlevé à la France. Il prit part ensuite aux discussions qui s'élevèrent à cette occasion, en publiant une brochure intitulée : *Des intérêts de la Grande-Bretagne considérée sous le rapport de ses colonies, et de l'acquisition du Canada et de la Guadeloupe.*

Dans l'été de 1762, Franklin retourna à Philadelphie et reçut des remercîmens de l'assemblée de Pensylvanie, tant pour s'être fidèlement acquitté de ses devoirs envers la province, que pour avoir rendu des services nombreux et importans à l'Amérique en général, pendant son séjour dans la Grande-Bretagne. Il reprit sa place dans l'assemblée dont il avait, tous les ans, été réélu membre, malgré son absence.

Les débats de l'assemblée avec le gouverneur et les propriétaires semblaient terminés par la transaction sur les taxes; mais de nouvelles querelles ne tardèrent point à renaître. Franklin continua de prendre une part active à ces débats, et à publier divers pamphlets en faveur des libertés de la colonie. En 1764, les amis des propriétaires parvinrent à empêcher sa réélection à l'assemblée, et à lui faire perdre le siège qu'il y occupait depuis 1747. Mais la majorité n'en étant pas moins restée, par le résultat général des élections, aux amis de Franklin, il fut de nouveau nommé agent de Pensylvanie à Londres, où il reçut les pouvoirs de New-Jersey, de Géorgie et de Massachusetts.

Une tentative de la plus haute importance occupait alors le cabinet anglais. Il ne s'agissait de rien moins que d'arriver à priver les colonies américaines du privilège qu'elles avaient de se taxer elles-mêmes, et à faire passer au parlement d'Angleterre, où elles n'envoyaient pas de représentans, le droit de les imposer. C'est dans ce but que, sous le ministère de Georges Grenville, fut porté par le parlement le fameux *acte du timbre* qui exaspéra au plus haut degré les Américains. Le ministère ayant été changé, une enquête sur cet acte fut faite par la chambre des communes. Franklin fut mandé à la barre, le 3 février 1766, pour donner des renseignemens. La netteté et la précision de ses réponses, l'étendue de ses connaissances, le ton simple, ferme, parfois épigrammatique, avec lequel il savait présenter les vérités les plus sévères, produisirent la sensation la plus vive, et l'acte du timbre fut enfin rapporté, un an après son adoption, sans jamais avoir été mis à exécution. L'interrogatoire de Franklin a été réimprimé plusieurs fois. C'est une pièce qui appartient à l'histoire.

Le rapport de l'acte du timbre ne changea point le système général de politique adopté par l'Angleterre envers l'Amérique. Le parlement persista à vouloir donner des lois à l'Amérique, et lui imposer des taxes, tandis que les Américains continuèrent à soutenir qu'ils ne devaient relever que du roi et de leurs propres assemblées coloniales, puisqu'ils n'étaient pas représentés dans le parlement. La ville de Boston, principalement, se signala par son opposition; et un droit d'importation ayant été décrété en Angleterre sur diverses denrées, lorsqu'elles entreraient en Amérique, la résolution de se passer de ces marchandises fut prise avec enthousiasme et exécutée avec énergie. Le peuple de Boston, exaspéré, jeta à la mer plusieurs cargaisons de thé que le parlement avait frappé d'importation. Cette conduite produisit en Angleterre l'irritation la plus vive. Un bill du parlement ordonna le blocus du port; la constitution fut changée, les magistrats révoqués, et le général Gage envoyé à Boston avec des troupes. Franklin, cependant, faisait à Londres de vains efforts pour calmer les esprits et pour rétablir la paix; il entama inutilement plusieurs négociations avec les ministres; il ne négligeait pas, en même temps, ses moyens favoris de succès, et il s'adressait, par divers pamphlets, à l'opinion publique. Des lettres écrites de Boston par Thomas Hutchinson, gouverneur de la colonie de Massachusetts, et par le lieutenant-gouverneur André Olivier, tombèrent entre ses mains, et il acquit la conviction que la fausseté des rapports qui y étaient contenus, et la perfidie des conseils qu'elles renfermaient, étaient l'une des causes qui contribuaient le plus à envenimer les esprits, et à éloigner toute idée d'accommodement. Il envoya à Boston les lettres originales, et la suite de cette communication fut une pétition de la province de Massachusetts, qui sollicitait le rappel du gouverneur.

Le ministère anglais pouvait profiter de cette circonstance pour pacifier des différends dont la gravité commençait à inspirer une inquiétude générale. La révocation du gouverneur était une mesure propre à ramener les esprits et à calmer les irritations. Au lieu d'agir ainsi avec adresse et bonne foi, on aima mieux se répandre en outrages contre le révélateur, encore inconnu, de cette correspondance. Les disputes qui s'élevèrent à ce sujet occasionnèrent un duel, et le bruit ayant couru qu'un second duel aurait lieu Franklin crut de son devoir de déclarer dans les journaux, que lui seul avait obtenu communication des lettres et les avait envoyées en Amérique. Un procès, que l'on s'efforça de rendre scandaleux, fut la conséquence de cette loyale déclaration. Franklin parut devant le conseil privé le 29 janvier 1774, et ne répondit que par un sang-froid imperturbable à toutes les grossières invectives par lesquelles l'avocat Wedderburn se déchaîna contre lui. La pétition de l'assemblée de Massachusetts fut rejetée, et Franklin perdit sa place de maître-général des postes en Amérique.

Tandis que le Gouvernement anglais se jetait aveuglément dans les voies de rigueur, et semblait prendre à tâche de tout envenimer, l'Amérique entière prenait fait et cause pour Boston. La Virginie résolut de ne plus cultiver le tabac jusqu'à ce qu'on eût fait droit aux plaintes des colonies; le Maryland suivit cet exemple; la

Pensylvanie et les autres provinces prirent des mesures analogues. Enfin les colonies s'accordèrent pour envoyer des députés à un congrès général, qui s'assembla à Philadelphie le 17 septembre 1774. Le Congrès approuva la conduite de la province de Massachusetts, écrivit au général Gage pour l'inviter à ne point commettre d'hostilités, et publia une déclaration des droits qu'il prétendait appartenir aux colonies anglaises de l'Amérique septentrionale, en vertu des lois immuables de la nature, des principes de la constitution britannique, et des chartes qu'elles avaient obtenues. On rédigea une pétition au roi, et on l'adressa en Angleterre, à Franklin. Vainement celui-ci déploya, pour arriver à une pacification, toute l'activité de son esprit, toutes les ressources de sa raison, si exquise et si droite. Le rétablissement de la bonne harmonie était désormais impossible, et, ayant reçu l'avis que la liberté de sa personne était menacée, il quitta Londres à la fin de mars 1775.

Franklin, dès le lendemain de son arrivée à Philadelphie, fut élu député de la Pensylvanie au Congrès. La province fut mise en état de défense; un papier-monnaie fut créé; Franklin prit une part active aux travaux du Congrès, et en reçut plusieurs missions. Il fut envoyé à Cambridge, pour joindre ses efforts à ceux du général Washington, afin de déterminer les troupes, dont l'engagement allait expirer, à rester au service; puis en Canada, pour attirer les habitans dans la ligue commune; mais des dissensions religieuses, et des revers éprouvés devant Québec par les Américains, firent échouer cette dernière négociation. La guerre était commencée: un faible lien rattachait cependant encore les colonies à la métropole ; et si le Congrès refusait de se soumettre à l'autorité du parlement, du moins il consentait à reconnaître celle du roi. Mais l'espoir d'une transaction s'éloignait chaque jour de plus en plus : les forces envoyées d'Angleterre pour soumettre l'Amérique, loin d'abattre les Américains par la crainte, les fortifiaient par la colère, et la question d'indépendance fut agitée dans le Congrès. Franklin se déclara ouvertement pour cette mesure. Un pamphlet parut, et décida la question. Il était intitulé : *Le Sens commun*, et avait pour auteur Thomas Payne ; Franklin passe pour y avoir pris beaucoup de part. Alors fut publiée, le 14 juillet 1776, cette déclaration mémorable, par laquelle les treize colonies de l'Amérique septentrionale se sont proclamées États libres et indépendans. La Pensylvanie ayant aussitôt nommé une Convention pour se donner une forme nouvelle de gouvernement, Franklin fut nommé président de cette assemblée. La constitution décrétée pour cet état fut presque tout entière son ouvrage.

L'Amérique avait besoin de secours pour conquérir son affranchissement: elle tourna ses regards vers la France. Les grands talens dont Franklin avait déjà donné des preuves comme négociateur, sa vertu incorruptible, son caractère à-la-fois conciliant et inébranlable, la célébrité personnelle dont il jouissait en Europe, sa qualité d'associé étranger de l'Académie des Sciences qui l'avait élu en 1772, le brillant accueil qu'il avait reçu, en 1767 et en 1769, dans deux voyages qu'il avait faits à Paris, attirèrent sur lui le choix du Congrès, et inspirèrent à toute l'Amérique le plus vif désir de lui voir accepter cette importante mission; quoique entré dans sa soixante-onzième année, il se laissa nommer commissaire près la cour de France avec Silas Deane et Arthur Lee.

Le docteur Franklin ne prit d'abord en France aucun caractère public. Il alla, dès son arrivée, s'établir à Passy, près Paris, où il demeura pendant tout le temps de son séjour. Sa popularité fut immense. L'enthousiasme pour la cause américaine s'empara de tous les esprits. « Franklin, dit madame Campan dans ses Mémoires, avait paru à la cour avec le costume d'un cultivateur américain. Ses cheveux plats sans poudre, son chapeau rond, son habit de drap brun contrastaient avec les habits pailletés, brodés, les coiffures poudrées et embaumantes des courtisans de Versailles. Cette nouveauté charma toutes les têtes vives des femmes françaises. On donna des fêtes élégantes au docteur Franklin, qui réunissait la renommée d'un des plus habiles physiciens aux vertus patriotiques qui lui avaient fait embrasser le rôle d'apôtre de la liberté. J'ai assisté à l'une de ces fêtes, où la plus belle parmi trois cents femmes fut désignée pour aller poser, sur la blanche chevelure du philosophe américain une couronne de laurier, et deux baisers aux joues de ce vieillard. » Les contemporains ont conservé la mémoire de son entrevue avec Voltaire, qui venait d'être accueilli à Paris par le triomphe le plus éclatant, et qui partageait, à cette époque, avec le citoyen d'Amérique, la faveur du public. Dans une séance de l'Académie des Sciences, Franklin lui présenta son petit-fils. « *God and Liberty!* s'écria Voltaire, Dieu et la Liberté! C'est la devise qui convient au petit-fils de M. Franklin. » Les deux vieillards s'embrassèrent les larmes aux yeux, et tous les spectateurs partagèrent leur émotion. Franklin sut profiter avec habileté de toutes les chances de succès que lui offrait la considération personnelle dont il se voyait entouré ; et la cour de France, cédant, malgré quelques résistances intérieures, à l'entraînement de l'opinion publique, signa, le 6 février 1778, un traité d'alliance offensive et défensive avec les Etats-Unis.

On sait quels furent les évènemens de la guerre d'Amérique, et de quelle gloire s'y couvrirent les Français; on sait comment le nom de La Fayettte s'y est associé, dans la reconnaissance des peuples, à celui de Franklin et de Washington. Nous n'avons point à nous occuper ici de tous ces évènemens, qui sont du domaine de l'histoire. Franklin les seconda par son active influence, par l'habileté de ses négociations, par le crédit de sa popularité. Il ne cessait, au milieu de la guerre, de travailler pour conquérir la paix. Sa correspondance a été imprimée par les soins de son petit-fils. Sa persévérance dans les négociations, sa fermeté à ne faire aucune concession dont la dignité de son pays pût souffrir, sa loyauté à ne pas vouloir traiter avec l'Angleterre sans que celle-ci traitât avec la France, sa sagacité à découvrir les pièges diplomatiques, enfin son amour pour la paix et pour le bien-être de l'humanité, s'y manifestent sous le jour le plus honorable. Le 3 avril 1783, un traité de commerce et d'amitié fut signé par Franklin entre les Etats-Unis et la Suède, et le 3 septembre de la même année, se conclut enfin le traité de paix entre la France, l'Espagne, l'Angleterre et les Etats-Unis, dont l'indépendance fut reconnue solennellement.

Franklin continua de séjourner en France comme ministre plénipotentiaire de la république. Outre les soins assez multipliés de ses fonctions, il se plaisait à cultiver les sciences, et l'amitié des savans les plus distingués. Il composa un assez grand nombre de petits pamphlets, principalement sur des sujets moraux; et il s'amusait souvent à les imprimer lui-même, pour les distribuer à ses amis. En 1784, sur la demande expresse du Roi, il fut l'un des commissaires chargés d'examiner le magnétisme animal de Mesmer, et il le jugea un charlatanisme. Un de ses derniers actes en France fut la signature d'un traité entre les Etats-Unis et la Prusse, le 9 juin 1785. Un des articles de ce traité contient, contre les armemens en course, une convention qu'il serait beau de voir passer dans le droit public de l'Europe. Franklin avait donné, pendant la guerre, un exemple de libéralité appuyé sur le même principe, en accordant une sauve-garde, contre les croiseurs américains, aux missionnaires des frères Moraves et à l'expédition de découvertes du capitaine Cook.

Franklin, malgré les applaudissemens qu'il recevait en France, et quoique plein d'affection pour un pays où il s'était entouré d'amis nombreux et où son mérite était apprécié, voulait cependant mourir dans sa patrie. Il obtint enfin son rappel, après l'avoir long-temps sollicité. Il éprouvait, depuis deux ou trois ans, des douleurs causées par la présence d'une pierre dans la vessie. La pierre augmentait tous les jours de volume, et les douleurs devenaient, par momens, très aiguës. Franklin ne consentit jamais à entendre parler d'opération; il ne voulait pas, pour s'épargner des douleurs, hasarder une vie qu'il se sentait encore l'espérance de rendre utile.

Ne pouvant supporter la voiture, il fut transporté de Passy au Hâvre, dans une des litières de la Reine, et s'embarqua à la fin de juillet 1785. Jamais, dans aucun de ses voyages, il n'avait manqué de consacrer son temps à l'étude et à des observations scientifiques. Il employa, malgré ses souffrances et son grand âge, cette dernière traversée aussi utilement que toutes les autres, et fit de précieuses remarques sur les courans, et sur la température de l'eau de la mer; tant l'activité de son esprit lui permettait peu de rester oisif. Il composa même un petit écrit intitulé : *Quelques vues pour l'amélioration de la navigation.*

L'arrivée de Franklin à Philadelphie présenta le spectacle d'un des triomphes les plus beaux et les plus mérités qui aient jamais été décernés à aucun homme. Une immense population, accourue de toutes parts, et avide de voir le grand citoyen qui avait si bien mérité de la patrie, se pressait sur son passage; il fut porté chez lui par la foule, au milieu des acclamations les plus vives, et au bruit des cloches et du canon. « L'accueil affectueux que me font mes concitoyens, écrivait-il à un de ses amis, surpasse mon attente. » De nombreuses députations le complimentèrent; la milice dont il avait donné la première idée, l'université qu'il avait créée, la société philosophique dont il était le fondateur, et dont tous les ans pendant son absence il avait été réélu président, lui présentèrent des adresses de félicitation. Il fut nommé à l'unanimité membre du conseil exécutif suprême de Philadelphie, et président de l'état de Pensylvanie. Une assemblée de tous les états ayant été convoquée en 1787 pour reviser la constitution, il y contribua, par un discours que l'on trouvera dans ce recueil, à faire adopter la nouvelle constitution d'un consentement unanime. Deux sociétés s'étant formées, l'une pour alléger la misère dans les prisons, l'autre pour l'abolition de l'esclavage, le soulagement des Nègres, et l'amélioration de la race africaine, on lui en déféra la présidence. L'un de ses derniers écrits, peut-être le dernier de tous, est un article dans *la Gazette fédérale*, contre la traite des Nègres. La défense d'une cause aussi sainte méritait l'honneur d'occuper les derniers momens d'une si belle vie.

Franklin était attaqué, depuis plusieurs années, de la goutte et de la pierre. Une fièvre et un mal de poitrine lui survinrent au commencement d'avril 1790, et le 17, à onze heures du soir, il expira, âgé de quatre-vingt-quatre ans et trois mois.

Ses funérailles furent célébrées par le plus grand concours de peuple qu'une cérémonie funèbre eût encore réuni sur le continent américain. Le Congrès ordonna dans toute l'Amérique un deuil d'un mois; et l'Assemblée constituante de France, arrêta que tous ses membres porteraient le deuil pendant trois jours.

Nous ne pouvons mieux terminer cette Notice, qu'en rapportant le discours prononcé par Mirabeau à cette occasion.

Mirabeau était depuis plusieurs jours,

retenu chez lui par une indisposition : il demande la parole et monte à la tribune, lorsqu'une discussion venait de finir. On réclamait l'ordre du jour : « Franklin est mort ! » dit Mirabeau, et aussitôt un religieux silence succède à l'agitation.

« Franklin est mort ! il est retourné au sein de la Divinité, le génie qui affranchit l'Amérique et qui versa sur l'Europe des torrens de lumière.

« Le sage que deux mondes réclament, l'homme que se disputent l'histoire des sciences et l'histoire des empires, tenait sans doute un rang élevé dans l'espèce humaine.

« Assez long-temps les cabinets politiques ont notifié la mort de ceux qui ne furent grands que dans leur éloge funèbre. Assez long-temps l'étiquette des cours a proclamé des deuils hypocrites. Les nations ne doivent porter le deuil que de leurs bienfaiteurs. Les représentans des nations ne doivent recommander à leurs hommages que les héros de l'humanité.

« Le congrès a ordonné dans les quatorze états de la Confédération un deuil de deux mois pour la mort de Franklin, et l'Amérique acquitte en ce moment ce tribut de vénération pour l'un des pères de sa Constitution.

« Ne serait-il pas digne de nous, Messieurs, de nous unir à cet acte religieux, de participer à cet hommage rendu, à la face de l'univers, et aux droits de l'homme et au philosophe qui a le plus contribué à en propager la conquête sur toute la terre? L'antiquité eût élevé des autels à ce vaste et puissant génie qui, au profit des mortels, embrassant dans sa pensée le ciel et la terre, sut dompter la foudre et les tyrans. La

France, éclairée et libre, doit du moins un témoignage de souvenir et de regret à l'un des plus grands hommes qui aient jamais servi la philosophie et la liberté.

« Je propose qu'il soit décrété que l'Assemblée nationale portera, pendant trois jours, le deuil de Benjamin-Franklin. »

MM. de la Rochefoucauld et de la Fayette, amis de Franklin, demandèrent la parole pour appuyer la motion; mais cette motion n'avait pas besoin d'appui, et elle fut adoptée sur-le-champ, aux acclamations de l'assemblée et des tribunes.

MÉLANGES

DE MORALE,

D'ÉCONOMIE ET DE POLITIQUE,

EXTRAITS DES OUVRAGES

DE BENJAMIN FRANKLIN.

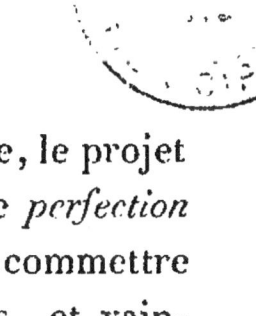

PLAN D'AMÉLIORATION MORALE.*

J'AI conçu, dans ma jeunesse, le projet hardi et difficile d'arriver à une *perfection morale*. Je désirais vivre sans commettre aucune faute dans aucun temps, et vaincre toutes celles dans lesquelles un penchant naturel, l'habitude ou la société pou-

* Ce morceau est extrait de la deuxième partie des Mémoires. *Voy*. la notice, page 23.

vaient m'entraîner. Comme je savais, ou croyais savoir, ce qui était bien et ce qui était mal, je ne voyais pas pourquoi je ne pourrais pas *toujours* faire l'un et éviter l'autre. Mais je trouvai bientôt cette tâche plus difficile que je ne l'avais imaginé. Tandis que je donnais mon attention et mes soins à me préserver d'une faute, je tombais dans une autre. L'habitude mettait à profit la plus légère distraction, et le penchant était quelquefois plus fort que la raison. Je conclus, à la fin, que la conviction purement spéculative de notre intérêt à être complètement vertueux, ne suffit point pour nous préserver des faux-pas; et qu'il faut rompre les habitudes contraires, en acquérir de bonnes, et s'y affermir, avant de pouvoir compter sur une rectitude de conduite uniforme et inébranlable. Ce fut dans ce dessein que j'essayai la méthode suivante :

Dans les divers dénombremens de *vertus*

morales que j'avais trouvés dans mes lectures, la liste en était plus ou moins longue, suivant que chaque écrivain renfermait plus ou moins d'idées sous une même dénomination. Par exemple, les uns n'appliquaient le mot *tempérance* qu'au boire et au manger, tandis que d'autres l'étendaient à la modération dans toute espèce de plaisir, appétit, inclination, passion du corps et de l'âme; même dans l'avarice et dans l'ambition. Par amour pour la clarté, je pris le parti d'employer plus de noms, en y attachant moins d'idées, plutôt que de ranger un plus grand nombre d'idées sous moins de noms; et je réunis sous treize noms de vertus, tout ce qui se présenta alors à moi comme nécessaire ou désirable; j'attachai à chacun un court précepte, pour exprimer l'étendue que je donnais à leur signification.

Voici les noms des *vertus* avec leurs préceptes :

1. TEMPÉRANCE. Ne mangez pas jusqu'à

être appesanti : ne buvez pas jusqu'à vous étourdir.

2. Silence. Ne dites que ce qui peut servir aux autres ou à vous-mêmes. Évitez les conversations oiseuses.

3. Ordre. Que chaque chose chez vous ait sa place, et chaque affaire son temps.

4. Résolution. Prenez la résolution de faire ce que vous devez ; et faites, sans y manquer, ce que vous avez résolu.

5. Économie. Ne faites de dépenses que pour le bien des autres ou pour le vôtre ; c'est-à dire, ne dissipez rien.

6. Travail. Ne perdez pas de temps Occupez-vous toujours à quelque chose d'utile. Abstenez-vous de toute action qui n'est pas nécessaire.

7. Sincérité. N'usez d'aucun méchant détour ; pensez avec innocence et justice ; parlez comme vous pensez.

8. Justice. Ne nuisez à personne, soit en lui faisant du tort, soit en négligeant de

lui faire le bien auquel votre devoir vous oblige.

9. Modération. Évitez les extrêmes. Gardez-vous de ressentir les torts aussi vivement qu'ils vous semblent le mériter.

10. Propreté. Ne souffrez aucune malpropreté ni sur votre corps, ni sur vos vêtemens, ni dans votre maison.

11. Tranquillité. Ne vous laissez pas troubler par des bagatelles, ni par des accidens ordinaires ou inévitables.

12. Chasteté. Usez rarement des plaisirs de l'amour, et seulement pour votre santé, ou pour avoir des enfans, sans en venir jamais au point de tomber dans la lourdeur ou dans la faiblesse, et sans compromettre la conscience, la paix, la réputation de vous ni des autres.

13. Humilité. Imitez *Jésus* et *Socrate*.

Mon dessein étant d'acquérir *l'habitude* de toutes ces Vertus, je jugeai qu'il serait bon de ne pas diviser mon attention en la

portant vers toutes à-la-fois, mais de la fixer pendant un certain temps, sur *une seule*, dont je me rendrais maître avant de passer à une autre, en procédant ainsi séparément jusqu'à ce que je les eusse parcourues toutes les treize. L'acquisition préalable de quelques-unes pouvant faciliter celle de certaines autres, je les disposai, dans cette vue, suivant l'ordre qui précède. Je plaçai la *Tempérance* la première, parce qu'elle tend à maintenir la tête froide et les idées nettes, ce qui est nécessaire quand il faut toujours veiller, toujours être en garde pour combattre l'attrait des anciennes habitudes et la force des tentations qui se succèdent sans cesse. Cette vertu une fois obtenue et affermie, le *Silence* devenait plus facile; et mon désir étant d'acquérir des connaissances en même temps que je m'avancerais dans la pratique de la vertu, considérant que dans la conversation l'on s'instruit davantage par le secours de l'oreille que par celui de la langue, souhaitant rompre l'habitude que j'avais contractée de babiller, de faire des pointes et des plaisanteries, ce qui ne rendait ma compagnie agréable qu'aux gens superficiels, je donnai la seconde place au *Silence*. J'espérai que, joint à l'*Ordre* qui vient après, il me laisserait plus de temps pour suivre mon plan et mes études. La *Résolution* devenant habituelle en moi, me donnerait la persévérance nécessaire pour acquérir les autres vertus. L'*Economie* et le *Travail*, en me libérant de ce qui me restait de dettes et en me procurant l'aisance et l'indépendance, me rendraient plus facile la pratique de la *Sincérité*, de la *Justice*, etc. Concevant alors que, suivant l'avis donné par Pythagore dans ses *Vers dorés*, un examen journalier me serait nécessaire, j'imaginai la méthode suivante pour y procéder.

Je fis un petit livre de treize pages, portant chacune en tête le nom d'une des vertus. Je réglai chaque page en encre rouge, de manière à y établir sept colonnes, une pour chaque jour de la semaine, mettant au haut de chacune des colonnes la première lettre du nom d'un de ces jours. Je traçai ensuite treize lignes transversales, au commencement desquelles j'écrivis les premières lettres du nom d'une des treize vertus. Sur cette ligne, et à la colonne du jour, je faisais une petite marque d'encre pour noter les fautes que, d'après mon examen, je reconnaissais avoir commises contre telle ou telle vertu. *

* Un de ces livrets, daté du *dimanche* 1er *juillet* 1733, a été trouvé dans les papiers de Franklin.

FORME DES PAGES.

TEMPÉRANCE.

Ne mangez pas jusqu'à être appesanti; ne buvez pas jusqu'à vous étourdir.

	Dim.	Lun.	Mar.	Mer.	Jeu.	Ven.	Sam.
Temp.							
Sil.	1	1		1			
Ord.	1	1			1	1	1
Rés.		1				1	
Econ.		1				1	
Trav.			1				
Sinc.							
Just.							
Mod.							
Prop.							
Tran.							
Chas.							
Hum.							

Je résolus de donner une semaine d'attention sérieuse à chacune de ces vertus successivement. Ainsi, mon grand soin, pendant la première semaine, fut d'éviter la plus légère faute contre la *tempérance*, laissant les autres vertus courir leur chance ordinaire ; mais marquant chaque soir les fautes de la journée. Si dans la première semaine je pouvais maintenir ma première ligne sans aucune marque, je me croyais assez fortifié dans la pratique de ma première vertu, et assez dégagé de l'influence du défaut opposé, pour me hasarder à étendre mon attention sur la seconde, et tâcher de maintenir deux lignes exemptes de toutes marques. Procédant ainsi jusqu'à la dernière, je pouvais faire un cours complet en treize semaines, et le recommencer quatre fois par an. De même qu'un homme qui veut nettoyer un jardin ne cherche pas à en arracher toutes les mauvaises herbes en même temps, ce qui excéderait ses moyens et ses forces, mais commence d'abord par une des plates bandes, pour ne passer à une autre que quand il a fini le travail de la première; ainsi j'espérais goûter le plaisir encourageant de voir dans mes pages les progrès que j'aurais faits dans la vertu, par la diminution successive du nombre de marques, jusqu'à ce qu'enfin, après avoir recommencé plusieurs fois, j'eusse le bonheur de trouver mon livret tout blanc, après un examen journalier pendant treize semaines.

Mon petit livre avait pour épigraphe ces vers tirés du *Caton* d'Addison :

. . . . « Oui, j'y persisterai.
« Au-dessus des mortels s'il est quelque puissance
« (Et tout dans l'univers prouve son existence),
« La vertu doit en elle avoir un protecteur,
« Et nous ouvrir ainsi le chemin du bonheur. »

J'ajoutai une autre épigraphe tirée de Cicéron :

» O philosophie guide de la vie! ô toi,

« source des vertus et fléau des vices! Un
« seul jour bien passé, et conforme à tes
« préceptes, est préférable à l'immortalité
« dans le vice ». *Tusc.* L. 5.

Enfin, cette autre, prise dans le *Livre des Proverbes*, et où Salomon parle de la sagesse ou de la vertu :

« Elle a la longueur des jours dans sa
« droite ; et dans sa gauche, les richesses
« et la gloire. — Ses voies sont belles; et
« tous ses sentiers sont pleins de paix. *Prov.*
« ch. 3, v. 16 et 17. »

Regardant Dieu comme la source de la sagesse, je pensai qu'il était juste et nécessaire de solliciter son secours pour l'acquérir. Dans ce dessein, je composai la petite prière suivante, que j'avais écrite en tête de mes tables d'examen, pour m'en servir tous les jours :

« O bonté toute puissante, père indul-

« gent! guide miséricordieux! augmente en
« moi cette sagesse qui peut découvrir mes
« véritables intérêts. Affermis-moi dans la
« résolution d'en suivre les conseils. Reçois
« les services que je puis rendre à tes autres
« enfans, comme la seule marque de recon-
« naissance qu'il me soit possible de te don-
« ner pour les faveurs que tu m'accordes
« sans cesse. »

Je me servais aussi quelquefois d'une petite prière que j'avais prise dans les poëmes de Thomson :

Dieu puissant, créateur du jour et de la vie,
Écarte de mes pas le vice et la folie.
Daigne faire à mes yeux briller ta majesté,
La bassesse du mal, et du bien la beauté.
Accorde-moi la paix, la vertu, la science;
D'un bonheur éternel c'est orner l'existence.

Le précepte de l'*ordre* exigeant que chaque heure de la journée eût son emploi déterminé, une page de mon petit livre contenaît la répartition suivante des vingt-quatre heures de chaque jour.

PLAN.

MATIN.	Heures.	
	5	Me lever, me laver, m'adresser à la bonté divine; régler les affaires du jour, en tracer le plan, m'occuper de mes études présentes; déjeuner.
Question : Quel bien ferai-je aujourd'hui ?	6	
	7	
	8	Travail.
	9	
	10	
	11	
MIDI.	12	Lire, examiner mes comptes, dîner.
	1	
	2	Travail.
	3	
APRÈS MIDI.	4	
	5	
SOIR.	6	Mettre toutes choses en place et souper. Musique, amusement, conversation. Examen de la journée.
Question : Quel bien ai-je fait aujourd'hui ?	7	
	8	
	9	
	10	Dormir.
	11	
	12	
NUIT.	1	
	2	
	3	
	4	

Je me mis à exécuter ce plan d'examen

journalier, et je le suivis sauf quelques interruptions de temps à autre. Je fus surpris de me trouver beaucoup plus rempli de défauts que je ne l'avais imaginé ; mais j'eus la satisfaction de les voir diminuer. Pour éviter l'embarras de recommencer mon livret, qui, à force de gratter les marques des anciennes fautes pour faire place aux nouvelles, était criblé de trous, je transcrivis mes tables, et leurs préceptes, sur les feuilles d'ivoire d'un *souvenir*. J'y traçai des lignes rouges, d'une manière durable, et y marquant mes fautes avec un crayon de mine de plomb, il m'était facile d'en enlever les marques avec une éponge humide. Après un certain temps, je ne fis plus qu'un cours dans l'année, et ensuite un seul cours dans plusieurs années. Enfin j'y renonçai entièrement, lorsque des voyages et des affaires multipliées eurent pris tout mon temps ; mais je portai toujours mon livret avec moi.

L'article de l'*ordre* fut celui qui me donna le plus d'embarras. Je trouvai que mon plan de distribution de la journée, quoique pouvant être praticable pour un homme dont les affaires sont de nature à lui laisser la libre disposition de son temps, comme pour un ouvrier imprimeur par exemple, présentait beaucoup de difficultés d'exécution pour un maître obligé d'avoir des relations dans le monde, et de recevoir souvent les personnes auxquelles il a à faire aux heures qui leur conviennent. Je trouvai même très difficile d'observer l'ordre, en ce qui regardait la place que devait occuper chaque chose, chaque papier, etc. Je n'avais pas été habitué de bonne heure à la *méthode*, et ayant une excellente mémoire, je ne sentais pas l'inconvénient du défaut d'ordre. Cet article me coûtait donc une attention si pénible, et j'avais tant de dépit de me surprendre si souvent en faute, d'avoir des rechutes si fréquentes, et de faire si peu de progrès, que je me décidai presque à y renoncer, et à prendre mon parti sur ce défaut. Je ressemblais à l'homme qui était venu acheter une hache chez un marchand, mon voisin, et qui voulait que toute la surface du fer fût aussi brillante que le tranchant. Le marchand consentit à donner le poli au fer de sa hache, à condition que l'acheteur tournerait la roue de la meule. Celui-ci, donc, se mit à tourner, tandis que le marchand appuyait fortement le fer sur la pierre. Notre homme, qui trouvait la besogne fatigante, quittait la roue de temps en temps pour aller voir où en était l'opération; et, à la fin, il voulut reprendre sa hache telle qu'elle était. « Eh! non, dit le « marchand, tournez, tournez toujours; « le hache deviendra brillante dans un ins- « tant; elle ne l'est encore que par places. « — N'importe, répondit l'acheteur, *je* « *crois que je l'aime mieux tachetée.* »

Ce cas a été, je pense, celui de bien des

gens qui, par le défaut de quelques moyens semblables à ceux que j'employais, ayant trouvé trop de difficulté à prendre certaines bonnes habitudes, ou à en quitter de mauvaises, renoncent à leurs efforts, et finissent par dire que la *hache vaut mieux tachetée*. Quelque chose, qui prétendait être la raison, me suggérait aussi quelquefois que cette extrême exactitude, telle que je l'exigeais de moi, pouvait bien être une sorte de niaiserie en morale, qui aurait fait rire à mes dépens, si elle eût été connue; qu'un caractère parfait pouvait éprouver l'inconvénient de devenir un objet d'envie et de haine, et qu'un homme qui veut le bien doit se souffrir à lui-même quelques légers défauts, afin de mettre ses amis à leur aise. Dans le vrai, je me trouvai incorrigible sur l'article de *l'ordre*, et aujourd'hui que je suis vieux et que ma mémoire est mauvaise, j'éprouve d'une manière sensible que cette qualité me manque. Mais, au total, quoique je ne sois jamais arrivé à la perfection que j'étais si ambitieux d'atteindre, et que j'en sois resté bien loin, mes efforts m'ont cependant rendu meilleur et plus heureux que je ne l'aurais été, si je ne les avais pas entrepris. C'est ainsi que celui qui veut se former une belle main par l'imitation des modèles d'écriture gravés, tout en ne parvenant jamais à les copier avec la même perfection, arrive, du moins, par ses efforts, à se donner une meilleure main et une écriture nette et lisible.

Il peut être utile que mes descendans sachent que c'est à ce petit expédient, qu'un de leurs ancêtres, aidé de la grâce de Dieu, a dû le bonheur constant de toute sa vie, jusqu'à sa soixante-dix-neuvième année, dans laquelle il écrit ces pages. Les revers qui peuvent accompagner le reste de ses jours sont dans la main de la Providence; mais, s'ils arrivent, la réflexion sur le passé devra lui donner la force de les supporter avec plus de résignation. Il attribue à la *tempérance* sa longue santé et ce qui lui reste encore d'une bonne constitution; au *travail* et à *l'économie*, l'aisance qu'il a acquise de bonne heure, la fortune dont elle a été suivie, et toutes les connaissances qui l'ont mis en état d'être un citoyen utile, et qui lui ont obtenu un certain degré de réputation parmi les savans; à la *sincérité* et à la *justice*, la confiance de son pays et les emplois honorables dont on l'a revêtu; enfin, à l'influence réunie de toutes ces vertus, même dans l'état d'imperfection où il a pu les acquérir, cette égalité d'humeur et cette gaîté dans la conversation qui font encore rechercher sa compagnie, et qui la rendent agréable, même aux jeunes gens. J'espère donc que quelques-uns de mes descendans voudront imiter cet exemple, et qu'ils s'en trouveront bien.

On remarquera que, quoique mon plan

de conduite ne fût pas tout-à-fait dépourvu de religion, il n'y entrait cependant aucun dogme qui appartînt à une secte particulière. J'avais évité ce point à dessein; car, étant bien convaincu de l'utilité et de l'excellence de ma méthode, et persuadé qu'elle pourrait servir aux hommes de toutes religions, me proprosant d'ailleurs de la publier un jour ou l'autre, je n'y voulais rien qui pût exciter les préventions d'aucun individu ni d'aucune secte. J'avais dessein d'écrire un petit commentaire sur chaque vertu; j'y aurais montré l'avantage de la posséder et les maux attachés au vice qui y est opposé. J'aurais intitulé mon livre : *L'Art de la vertu*, parce qu'il aurait montré les moyens et la manière de l'acquérir; ce qui l'aurait distingué des simples exhortations au bien, qui ne donnent pas la connaissance et l'indication des voies pour y parvenir : elles sont semblables à l'homme dont parle l'apôtre, dont la charité était toute en paroles, et qui, sans montrer à celui qui était nu et qui avait faim, où et comment il trouverait des alimens et des habits, se contentait de l'exhorter à se nourrir et à se vêtir. *(S. Jacques, Ep. ch.* 3, *v.* 15 *et* 16.*)*

Les choses ont tourné de manière que mon intention d'écrire et de publier ce commentaire n'a jamais été remplie. J'avais bien, de temps à autre, jeté par écrit quelques notes des idées et des raisonnemens que je comptais y employer, afin de m'en servir par la suite; mais les soins continuels qu'ont exigés mes affaires particulières dans la première partie de ma vie, et ensuite les affaires publiques dont j'ai été chargé, m'ont toujours obligé de différer ce projet. Étant lié, d'ailleurs, dans mon esprit, à un autre *grand et vaste projet* *, dont l'exécution demandait un homme tout entier, et dont j'ai été dé-

* *Voy.* page 88.

tourné par une suite imprévue d'occupations, il est resté imparfait jusqu'à ce moment.

Mon dessein, dans cet ouvrage, était d'expliquer et de prouver cet axiôme : *Que les mauvaises actions ne sont pas mauvaises, parce qu'elles sont défendues ; mais qu'elles sont défendues parce qu'elles sont mauvaises* *. En ne considérant que la nature de l'homme, j'aurais établi que quiconque désire être heureux, même dans ce monde, a intérêt à être vertueux; puis, de ce qu'il se trouve toujours dans le monde un grand nombre de riches négocians, de grands, d'états, de princes qui ont besoin d'hommes honnêtes pour la conduite de leurs affaires, et de ce que de tels hommes sont toujours rares, j'aurais cherché à tirer, pour l'instruction des jeunes gens, la dé-

---

* On peut voir, sur le développement de cette pensée, Platon, dans son Dialogue d'Eutyphron.

monstration de cette vérité : que, de toutes les qualités qui peuvent conduire un homme pauvre à la fortune, celles qui ont les meilleures chances de succès sont la *probité* et l'*intégrité*.

Ma liste de vertus n'en contenait d'abord que douze; mais un quaker de mes amis ayant eu l'obligeance de m'avertir qu'on me regardait généralement comme fier, que l'orgueil se montrait fréquemment dans ma conversation, que je ne me contentais pas d'avoir raison dans une discussion, mais que je devenais arrogant et même insolent, ce dont il me convainquit en m'en citant plusieurs exemples, je résolus de chercher à me guérir de ce vice ou de cette folie, comme du reste, et j'ajoutai l'*humilité* à ma liste, donnant à ce mot un sens étendu. Je ne puis me vanter d'avoir réussi à acquérir *réellement* cette vertu; mais j'ai, du moins, beaucoup gagné, quant à son apparence. Je me suis fait une loi de m'interdire toute contradiction directe des opinions d'autrui, ou toute assertion positive en faveur des miennes. Je me suis même prescrit, conformément aux anciens réglemens de notre *Junte**, de m'abstenir de toute expression dénotant une façon de penser fixe et arrêtée, comme *certainement*, *sans aucun doute*, etc., et j'ai adopté à la place, *je présume*, *j'imagine*, *il me semble* que telle chose est ainsi, ou bien, *cela me paraît ainsi quant à présent*. Quand un autre avançait une proposition qui me semblait une erreur, je me refusais le plaisir de le contredire brusquement, et de démontrer sur-le-champ l'absurdité de ses paroles, et, dans ma réponse, je commençais par observer qu'en certains cas, en certaines circonstances, son opinion pourrait être juste, mais que, dans l'occasion présente, *il me paraissait*,

* *Voy*. la notice, page 21.

me semblait que la chose était différente, etc. Je reconnus bientôt l'avantage de ce changement dans mes manières : les conversations dans lesquelles je m'engageai en devinrent plus agréables. Le ton modeste avec lequel je proposais mes opinions leur procurait un plus prompt accueil et moins de contradictions. J'éprouvais moins de mortification, lorsque je me trouvais dans mon tort, et j'amenais plus facilement les autres à abandonner leurs erreurs et à se joindre à moi, lorsqu'il m'arrivait d'avoir raison. Cette méthode, à laquelle je ne m'assujétis d'abord qu'en faisant quelque violence à mon penchant naturel, finit par me devenir si facile, si habituelle, que personne, peut-être, depuis cinquante ans, n'a entendu s'échapper de ma bouche une parole dogmatique. C'est à cette habitude, après mon caractère d'intégrité, que je me crois principalement redevable du crédit que j'ai obtenu auprès de mes concitoyens, lorsque j'ai proposé de nouvelles institutions ou des modifications aux anciennes, ainsi que de ma grande influence dans les assemblées publiques, lorsque j'en suis devenu membre; car je n'étais qu'un mauvais orateur, jamais éloquent, sujet à beaucoup d'hésitation dans le choix des mots, à peine correct, et cependant j'ai, en général, fait prévaloir mes avis.

Au fait, de toutes nos passions naturelles, il n'en est peut-être pas d'aussi difficile à dompter que l'*orgueil*. Qu'on le déguise, qu'on lui fasse la guerre, qu'on l'étouffe, qu'on le mortifie autant qu'on voudra, il reste toujours vivant, et, de temps en temps, perce et se montre; peut-être le reconnaîtrez-vous fréquemment dans mes *Mémoires*; car, même quand je penserais l'avoir complètement subjugué, je serais probablement *orgueilleux* de mon *humilité*.

SUITE.

Puisque j'ai parlé d'un *grand et vaste projet* que j'avais conçu, il me paraît convenable d'en donner une idée et d'en exposer l'objet. Il se présenta pour la première fois à mon esprit, lorsque je mis les idées suivantes sur un papier que le hasard a conservé.

Observations faites, en lisant l'Histoire, dans la Bibliothèque*, le 9 mai 1731.

« Les grandes affaires du monde, les guerres, les révolutions, etc., sont conduites et exécutées par des partis.

« Le but de ces partis est leur intérêt général dans le moment présent, ou ce qu'ils prennent pour tel.

* *Voy*. la notice, page 18.

« La différence de but de ces différens partis, est la cause de tous les désordres.

« Tandis qu'un parti suit un plan général, chaque individu a pour but particulier son intérêt privé.

« Aussitôt qu'un parti a gagné son objet général, chacun de ses membres songe à son propre intérêt, qui, croisant d'autres intérêts privés, brise le parti, le subdivise en partis nouveaux, et cause encore plus de désordres.

« Peu de gens, dans les affaires publiques, ont pour seul but le bien de leur pays, quelques sentimens qu'on affiche; et beaucoup d'hommes, tout en ayant, par leurs actions, fait un bien réel à leur pays, ne s'y sont originairement déterminés que parce qu'ils ont vu le sort de leur intérêt particulier dépendre du succès de l'intérêt général, ce qui montre qu'ils n'ont point agi par un principe de bienveillance.

« Un moindre nombre encore, dans les

affaires publiques, agit en se proposant pour but le bien de l'humanité.

« Il me semble donc à présent que ce serait bien le cas de former *un parti uni pour la vertu*, en organisant les hommes vertueux et bons de tous les pays, en un corps régulier qui se gouvernerait par un ensemble de règles bonnes et sages, auxquelles, probablement, les hommes bons et sages seraient mieux disposés à obéir, que les hommes ordinaires ne le sont à se soumettre aux lois ordinaires.

« Je crois maintenant que quiconque, avec les qualités nécessaires, entreprendra ce projet, ne pourra manquer de plaire à Dieu et de réussir. » B. F.

En roulant ce projet dans mon esprit, pour essayer plus tard de le mettre à exécution quand les circonstances m'en donneraient le loisir, je déposais de temps en temps sur le papier les idées qui se présentaient à moi sur ce sujet. La plupart de ces écrits sont perdus, mais j'en retrouve un, contenant la substance d'un projet de profession de foi, et qui réunit, je crois, les principes essentiels de toute religion connue, sans renfermer rien qui puisse blesser les sectateurs d'aucun culte. Il est conçu en ces termes :

« Il y a un seul Dieu, qui a créé toutes choses.

« Il gouverne le monde par sa providence.

« Il doit être honoré par l'adoration, la prière et les actions de grâces.

« Mais le culte le plus agréable à Dieu, est de faire du bien aux hommes.

« L'âme est immortelle.

« Il est certain que Dieu récompensera la vertu et punira le vice, dans ce monde ou dans l'autre. »

Mes idées, à cette époque, étaient que l'association ne fût, d'abord, fondée et propagée que parmi les jeunes gens non mariés; que chaque candidat, non-seulement déclarât adhérer à la profession de foi, mais encore se fût exercé lui-même par l'examen des treize semaines à la pratique des vertus; que l'existence de cette société demeurât secrète, jusqu'à ce qu'elle fût devenue considérable, afin de prévenir les sollicitations de gens peu propres à y être admis; mais que chaque membre cherchât, dans le cercle de ses connaissances, des jeunes gens d'esprit, bien disposés, à qui l'on pût, avec les précautions convenables, communiquer graduellement ce projet; que tous les membres s'engageassent à employer leurs avis, leur assistance, leur appui, pour s'aider les uns les autres dans leurs intérêts, leurs affaires, leur avancement dans le monde. Nous aurions, pour nous distinguer, pris le nom de *Société des hommes libres;* parce que l'exercice et l'habitude des vertus nous aurait rendus libres de la domination du vice; et parce que, surtout, la pratique du travail et de l'économie, nous aurait rendus libres de dettes, qui exposent un homme à la contrainte par corps et en font comme l'esclave de ses créanciers.

Voilà tout ce que je puis maintenant me rappeler sur ce projet, si ce n'est que je le communiquai à deux jeunes gens qui l'adoptèrent avec enthousiasme : mais l'état de ma fortune, alors très bornée, et la nécessité où je me trouvais de me consacrer tout entier à mes affaires, me forcèrent à en reculer sans cesse l'exécution : la multitude de mes occupations publiques et particulières m'obligèrent à un nouveau délai ; en sorte qu'il est demeuré sans effet jusqu'au moment présent, où il ne me reste plus ni les forces, ni l'activité nécessaires pour une telle entreprise. Cependant, je persiste à croire que c'était là un projet praticable, et qu'il aurait été très utile en formant un grand nombre de bons citoyens.

La grandeur apparente de l'entreprise ne m'a point découragé, car j'ai toujours pensé qu'un seul homme, avec des moyens passables, peut opérer de grands changemens et mettre à fin des choses importantes, si, d'abord, il forme un bon plan; s'il renonce à tous plaisirs, à toutes occupations, qui pourraient distraire son attention; s'il fait, de l'exécution de ce même plan, sa seule étude et son unique affaire.

ALGÈBRE MORALE. *

Lorsqu'il s'offre à nous des circonstances où nous avons à prendre, sur des affaires importantes, une détermination qui nous embarrasse, la difficulté vient principalement de ce que, dans notre examen, toutes les raisons *pour* et *contre* ne sont pas présentes en même temps à notre esprit ; et de ce que nous avons en vue tantôt l'une, tantôt l'autre, la dernière nous arrivant lorsque la première est disparue. Delà, les différentes dispositions ou résolutions qui l'emportent alternativement en nous, et l'incertitude qui nous tourmente. Pour la fixer, ma méthode est de partager une

* Extrait d'une lettre au docteur Priestley, écrite de Londres le 19 septembre 1772.

feuille de papier en deux colonnes, écrivant en tête de l'une *pour*, et en tête de l'autre *contre*. Donnant ensuite à cet objet trois ou quatre jours d'examen, je place, sous chacun de ces titres, de courtes indications des différens motifs qui se présentent par momens à moi *pour* ou *contre* la mesure à prendre. Quand j'ai ainsi rassemblé en un tableau tous ces motifs contradictoires, je tâche de peser leur valeur respective; et si j'en trouve deux (un de chaque côté) qui me semblent égaux, je les efface tous les deux. Si je trouve *une* raison *pour* égale à *deux* raisons *contre*, j'efface les *trois*. Si je juge *deux* raisons *contre* égales à *trois* raisons *pour*, j'efface les *cinq*; et, par ce procédé, je trouve enfin de quel côté la balance l'emporte; et si, en donnant encore une couple de jours à la réflexion, il ne se présente d'aucun côté aucun aperçu de quelque importance, je fixe ma détermination. Ces raisons ne peuvent sans doute être évaluées avec la précision des quantités algébriques ; cependant, quand chacune d'elles est examinée séparément et comparativement, et que le tout est là devant mes yeux, il me semble que je puis mieux juger, et que je me trouve moins exposé à faire une démarche inconsidérée. J'ai souvent recueilli un grand avantage de cette espèce d'équation, que l'on pourrait appeler une *algèbre morale*, ou *algèbre de circonspection*.

LA PERTE DE LA VIE.[*]

Anergus était un gentilhomme d'une belle fortune, élevé à ne rien faire. Il ne savait comment s'y prendre, pour perdre agréablement ses journées; il n'avait ni penchant pour aucun des exercices ordinaires de la vie, ni goût pour aucun travail d'esprit; il passait communément dix heures sur les vingt-quatre dans son lit : restait assoupi sur un canapé encore deux ou trois heures, et le soir en consumait quelques autres à boire, lorsqu'il se trouvait en compagnie de son humeur. Il tuait avec beaucoup d'indolence les cinq ou six qui lui restaient. Leur principal emploi était de combiner le repas, et de repaître son

[*] Morceau inséré dans la Gazette de Philadelphie, le 18 novembre 1736.

imagination de l'attente d'un dîner ou d'un souper, non qu'il fût positivement un gourmand, ni un homme voué exclusivement au plaisir de la table, mais parce que, ne connaissant pas un meilleur usage de ses pensées, il les laissait errer sur ces soins matériels. Il avait trouvé moyen d'user ainsi dix années, depuis l'époque où il était devenu maître de son patrimoine, et même, par l'abus qu'on fait aujourd'hui des mots, on l'appelait un homme vertueux, parce qu'il était connu pour s'enivrer rarement et pour n'être pas fort enclin à la débauche.

Un soir qu'il était seul à rêver, ses pensées vinrent à prendre une direction inaccoutumée; car il porta ses regards en arrière, et commença à réfléchir sur son genre de vie. Il songea qu'un bon nombre d'êtres vivans s'était trouvé sacrifié à alimenter son individu, et qu'une énorme quantité de blé et de vin avait été mêlée à ces sacrifices. Il n'avait pas complètement oublié tout ce qu'on lui avait montré d'arithmétique pendant son enfance, et il se mit à calculer l'état de ce qu'il avait dévoré jusqu'à ce qu'il fût parvenu à l'âge d'homme.

« Environ une douzaine de créatures emplumées, petites et grandes, se dit-il à lui-même, ont, chaque semaine, l'une dans l'autre, donné leurs vies pour prolonger la mienne, ce qui, en dix ans, se monte, au moins, à six mille.

« Cinquante moutons ont été sacrifiés par an, avec une demi-hécatombe de bétail, dont les morceaux les plus délicats ont été offerts sur ma table en holocauste. Ainsi un millier d'animaux a été immolé dans les troupeaux en dix ans de temps, pour me nourrir, sans compter ce que les forêts m'ont fourni. Plusieurs centaines de poissons, de toute espèce, et quelques milliers de menu fretin ont été privés de la vie pour mes repas.

« Une mesure de blé me fournirait difficilement assez de fine fleur de farine pour la provision d'un mois, ce qui fait environ six vingts boisseaux ; et bien des tonneaux de bierre, vins et autres liqueurs ont été engloutis dans mon corps, misérable passage de tant d'alimens et de boissons.

« Et qu'ai-je fait, pendant tout ce temps, pour Dieu ou les hommes ? Quelle profusion de biens pour un être indigne, pour une vie inutile. Il n'est pas jusqu'à la plus chétive créature de toutes celles que j'ai dévorées, qui n'ait répondu mieux que moi à la fin pour laquelle elle avoit été créée. Leur destination était d'alimenter l'homme, et elles l'ont fait. Chaque coquillage, chaque huître que j'ai mangé, chaque grain de blé que j'ai broyé, ont rempli leur place dans l'échelle des êtres avec plus de convenance et d'honneur que moi ! O perte ignominieuse de vie et de temps ! »

Anergus poursuivit ses réflexions morales avec une force de raison si juste et si sévère, qu'il se contraignit lui-même à changer tout son genre de vie, à rompre tout d'un coup avec ses extravagances, et à acquérir quelques connaissances utiles, quoiqu'il eût passé déjà sa trentième année. Il vécut long-temps encore en homme d'honneur et en excellent chrétien; se rendit, dans son intérieur, utile à son prochain, et, au sénat, remplit le rôle brillant d'un patriote. Il mourut en paix avec sa conscience, et les larmes de ses concitoyens coulèrent sur sa tombe.

Le monde, qui connaissait toute l'histoire de sa vie, est resté surpris d'un changement si complet, et a regardé sa réforme comme miraculeuse : lui-même a reconnu et adoré la main de Dieu, et l'a remercié de l'avoir transformé de brute en homme.

Mais un tel exemple est extraordinaire : l'on pourrait presque se hasarder à l'appeler *un miracle*. Combien, dans ce siècle corrompu, n'y a-t-il pas de nos jeunes gens des deux sexes, dont la vie s'écoule ainsi dans une perte totale, sans qu'un dernier retour sur eux-mêmes les décide à se rendre utiles?

Lorsque je rencontre de tels gens, ils me remettent en mémoire quelques vers d'Horace.

Nos numerus sumus, et fruges consumere nati.
. . . .*Alcinoïque. . . .juventus*
Cui pulchrum fuit in medios dormire dies, etc.

(Ep. 2, L. I.)

« Mais nous, foule sans nom, dont le sort paraît être
De dévorer les fruits que la terre fait naître,
A qui ressemblons-nous? à ces hommes perdus
Qui, près de Pénélope, ou chez Alcinoüs,
Du soin de leur parure occupaient leur jeunesse,
Et qui, cherchant la gloire au sein de la mollesse,
Prolongeaient jusqu'au jour le moment du réveil,
Et par de doux concerts appelaient le sommeil. »

(*Trad. de M.* DARU.)

D'autres passages de ce poëte payen se représentent à moi dans les mêmes occasions; l'un appartient à la première satire, l'autre à la première épître : ils semblent ne peindre la vie que comme la saison des plaisirs des sens.

. . . Exacto contentus tempore vitæ
Cedat uti conviva satur. . . . . .
Lusisti satis, edisti satis, atque bibisti;
Tempus abire tibi.

« Où trouver un mortel satisfait et sensé
Qui, le moment venu, sans regret, sans envie,
Sorte, convive heureux, du *banquet de la vie?*
—Fais place à d'autres, va, tu n'as que trop vécu:
Quitte, quitte, il est temps, la table enchanteresse:
La jeunesse te chasse, et rit de ton ivresse. »

(*Même traduction.*)

DES CHANGEMENS DE POSITIONS.*

Toutes les positions de la vie ont leurs inconvéniens; nous *sentons* ceux qui sont attachés à la nôtre, mais nous ne *sentons*, ni ne *voyons*, ceux d'une situation différente. Qu'en résulte-t-il? que nous nous tourmentons par des changemens continuels, sans y gagner, et souvent pour nous trouver pis.

J'étais, un jour, dans ma jeunesse, passager à bord d'un petit sloop qui descendait la Delaware. Comme il n'y avait pas de vent, nous fûmes obligés, après la marée, de jeter l'ancre, et d'attendre la

* Extrait d'une lettre écrite de Passy, le 8 février 1780, au docteur Priestley.

marée suivante. La chaleur du soleil étant excessive sur le bâtiment; les passagers m'étaient étrangers, et leur société ne me plaisait pas. Je crus voir, près du rivage, une belle prairie verte, au milieu de laquelle s'élevait un grand arbre donnant beaucoup d'ombrage. Je m'imaginai que je pourrais aller m'asseoir sous son abri, et y passer, à lire, quelques momens agréables, jusqu'au retour de la marée. J'obtins donc du capitaine qu'il me fît conduire à terre. Une fois débarqué, je reconnus que la plus grande partie de ma prairie, n'était réellement qu'un marais; en le traversant, pour arriver à mon arbre, j'enfonçai dans la boue jusqu'aux genoux ; et je n'étais pas établi depuis cinq minutes sous son ombrage, que mille insectes fâcheux venant fondre sur moi, attaquèrent mes jambes, mes mains, ma figure, au point qu'il me fut impossible de lire et de tenir en place. Je regagnai donc le rivage, et j'appelai pour que la chaloupe me ramenât à bord du sloop, où j'eus à endurer cette chaleur que j'avais voulu éviter, et de plus les ris moqueurs de la société. Depuis, j'ai pu souvent observer des cas semblables dans les affaires de la vie.

AVIS NÉCESSAIRE A CEUX QUI VEULENT ÊTRE RICHES.

1736.

La possession de l'argent n'est avantageuse que par l'usage qu'on en fait.

Avec 6 louis par an, vous pouvez avoir l'usage d'un capital de 100 louis, pourvu que vous soyez d'une prudence et d'une honnêteté reconnues.

Celui qui fait par jour une dépense inutile de 8 sols, dépense inutilement plus de 6 louis par an, ce qui est le prix que coûte l'usage d'un capital de 100 louis.

Celui qui perd, chaque jour, dans l'oisiveté, pour 8 sols de son temps, perd l'avantage de se servir d'une somme de 100 louis tous les jours de l'année.

Celui qui prodigue, sans fruit, pour

5 francs de son temps, perd 5 francs tout aussi sagement que s'il les jetait à la mer.

Celui qui perd 5 francs perd non-seulement ces 5 francs, mais encore tous les profits qu'il en aurait pu retirer en les faisant travailler; ce qui, dans l'espace de temps qui s'écoule entre la jeunesse et l'âge avancé, peut monter à une somme considérable.

Autre avis : celui qui vend à crédit demande, de l'objet qu'il vend, un prix équivalent au principal et à l'intérêt de son argent, pour le temps pendant lequel il doit en rester privé; celui qui achète à crédit paie donc un intérêt pour ce qu'il achète ; et celui qui paie en argent comptant pourrait placer cet argent à intérêt; ainsi, celui qui possède une chose qu'il a achetée paie un intérêt pour l'usage qu'il en fait.

Toutefois, dans ses achats, il est mieux de payer comptant, parceque celui qui vend à crédit, s'attendant à perdre cinq pour cent en mauvaises créances, augmente d'autant le prix de ce qu'il vend à crédit pour se couvrir de cette différence.

Celui qui achète à crédit paie sa part de cette augmentation; celui qui paie argent comptant y échappe, ou peut y échapper.

AVIS A UN JEUNE OUVRIER.

A mon ami A. B.

1748.

Ainsi que vous l'avez désiré de moi, j'ai mis par écrit les pensées suivantes qui m'ont été utiles, et qui peuvent aussi l'être pour vous, si vous les suivez.

Souvenez-vous que le *temps* est de l'argent. Celui qui, par son travail, peut gagner dix francs dans un jour, et qui se promène, ou reste oisif, une moitié de la journée, quoiqu'il ne débourse que quinze sous pendant ce temps de promenade ou de repos, ne doit pas faire compte de ce déboursé seulement. Il a réellement dépensé, disons mieux, il a jeté cinq francs de plus.

Souvenez-vous que le *crédit* est de l'argent. Si un homme me laisse son argent dans les mains après l'échéance de ma dette, il m'en donne l'intérêt, ou tout le produit que je puis en tirer, pendant le temps qu'il me le laisse. Le bénéfice monte à une somme considérable pour un homme qui a un crédit étendu et solide, et qui en fait un bon usage.

Souvenez-vous que l'argent est d'une nature prolifique. L'argent peut engendrer l'argent ; les petits qu'il a faits en font d'autres plus facilement encore, et ainsi de suite. Cinq francs employés en valent six ; employés encore, ils en valent sept et vingt centimes, et proportionnellement ainsi jusqu'à cent louis. Plus les placemens se multiplient, plus ils se grossissent, et c'est de plus en plus vite que naissent les profits. Celui qui tue une truie pleine en anéantit toute la descendance jusqu'à la millième génération. Celui qui engloutit un écu détruit tout ce que cet écu pouvait produire, et jusqu'à des centaines de francs,

Souvenez-vous qu'une somme de cinquante écus par an peut s'amasser en n'épargnant guère plus de huit sous par jour. Moyennant cette faible somme, que l'on prodigue journellement sur son temps ou sur sa dépense sans s'en apercevoir, un homme, avec du crédit, a, sur sa seule garantie, la possession constante et la jouissance de mille écus à cinq pour cent. Ce capital, mis activement en œuvre par un homme industrieux, produit un grand avantage.

Souvenez-vous du proverbe : *Le bon payeur est le maître de la bourse des autres*. Celui qui est connu pour payer avec ponctualité et exactitude à l'échéance promise peut, en tout temps, en toute occasion, jouir de tout l'argent dont ses amis peuvent disposer, ressource parfois très utile. Après le travail et l'économie, rien ne contribue plus au succès d'un jeune homme dans le monde, que la ponctualité et la justice dans toute affaire. C'est pourquoi ne gardez jamais l'argent que vous avez emprunté, une heure au-delà du moment où vous avez promis de le rendre, de peur qu'une inexactitude ne vous ferme pour toujours la bourse de votre ami.

Les moindres actions sont à observer en fait de crédit. Le bruit de votre marteau, qui, à cinq heures du matin, ou à neuf heures du soir, frappe l'oreille de votre créancier, le rend facile pour six mois de plus; mais s'il vous voit à un billard, s'il entend votre voix à la taverne, lorsque vous devez être à l'ouvrage, il envoie pour son argent dès le lendemain, et le demande avant de le pouvoir toucher tout à-la-fois. C'est par ces détails que vous montrez si vos obligations sont présentes à votre pensée; c'est par là que vous acquérez la réputation d'un homme d'ordre aussi bien que d'un honnête homme, et que vous augmentez encore votre crédit.

Gardez-vous de tomber dans l'erreur de plusieurs de ceux qui ont du crédit, c'est-à-dire de regarder comme à vous tout ce que vous possédez, et de vivre en conséquence. Pour prévenir ce faux calcul, tenez, à mesure, un compte exact tant de votre dépense que de votre recette. Si vous prenez d'abord la peine de mentionner jusqu'aux moindres détails, vous en éprouverez de bons effets, vous découvrirez avec quelle étonnante rapidité une addition de menues dépenses monte à une somme considérable, et vous reconnaîtrez combien vous auriez pu économiser par le passé, combien vous pouvez économiser pour l'avenir, sans vous occasionner une grande gêne.

Enfin le chemin de la fortune sera, si vous le voulez, aussi uni que celui du marché. Tout dépend surtout de deux mots : *Travail* et *économie*, c'est-à-dire de ne dissiper ni le *temps* ni l'*argent*, mais de faire de tous deux le meilleur usage qu'il est possible. Sans travail et économie, vous ne ferez rien; avec eux, vous ferez tout. Celui qui gagne tout ce qu'il peut gagner honnêtement, et qui épargne tout ce qu'il gagne, sauf les dépenses nécessaires, ne peut marquer de devenir *riche*, si toutefois cet Être qui gouverne le monde, et vers lequel tous doivent lever les yeux pour obtenir la bénédiction de leurs honnêtes efforts, n'en a pas, dans la sagesse de sa providence, décidé autrement.

Un vieux ouvrier.

MOYENS D'AVOIR TOUJOURS DE L'ARGENT DANS SA POCHE.

Dans ce temps, où l'on se plaint généralement que l'argent est rare, ce sera faire acte de bonté que d'indiquer aux personnes qui sont à court d'argent, le moyen de pouvoir mieux garnir leurs poches. Je veux leur enseigner le véritable secret de gagner de l'argent, la méthode infaillible pour remplir les bourses vides, et la manière de les garder toujours pleines. Deux simples règles, bien observées, en feront l'affaire.

Voici la première : Que la probité et le travail soient vos compagnons assidus.

Et la seconde : Dépensez un sou de moins que votre bénéfice net.

Par-là, votre poche si plate commencera bientôt à s'enfler, et n'aura plus à crier jamais que son ventre est vide; vous ne serez pas assailli par des créanciers, pressé par la misère, rongé par la faim, transi par la nudité. Tout l'horizon brillera d'un éclat plus vif, et le plaisir fera battre votre cœur. Hâtez-vous donc d'embrasser ces règles et d'être heureux. Écartez loin de votre esprit le souffle glacé du chagrin, et vivez indépendant. Alors vous serez un homme, et vous ne cacherez point votre visage à l'approche du riche; vous n'éprouverez point le déplaisir de vous sentir petit lorsque les fils de la Fortune marcheront à votre droite; car l'indépendance, avec peu ou beaucoup, est un sort heureux, et vous placera de niveau avec les plus fiers de ceux que décorera la Toison d'or. Ah! soyez donc sage; que le travail marche avec vous dès le matin; qu'il vous accompagne jusqu'au moment où le soir vous amènera l'heure du sommeil. Que la probité soit comme l'âme de votre âme, et n'oubliez jamais de conserver un sou de reste, après toutes vos dépenses comptées et payées; alors vous aurez atteint le comble du bonheur, et l'indépendance sera votre cuirasse et votre bouclier, votre casque et votre couronne; alors vous marcherez tête levée, sans vous courber devant un faquin vêtu de soie, parce qu'il aura des richesses, sans accepter un affront, parce que la main qui vous l'offrira étincellera de diamans.

LA SCIENCE

DU

BONHOMME RICHARD,

OU

LE CHEMIN DE LA FORTUNE.

AVERTISSEMENT.

La *Science du bonhomme Richard* est, de tous les ouvrages de Franklin, celui qui est le plus connu en France, où il a été souvent réimprimé. On n'a suivi littéralement, dans la présente édition, aucune des trois anciennes traductions françaises de cet excellent écrit; mais on les a refondues ensemble, en les corrigeant avec soin sur le texte. Le passage suivant, extrait des

AVERTISSEMENT.

Mémoires de Franklin, contient, sur cet ouvrage, des détails que les lecteurs seront, sans doute, bien aises de connaître.

« Je commençai en 1732 à publier mon Almanach, sous le nom de *Richard Saunders* : je le continuai pendant environ vingt-cinq ans, et on l'appelait communément *l'Almanach du bonhomme Richard*. Je m'efforçai de le rendre amusant et utile; aussi obtint-il un tel débit, que j'en retirai un profit considérable; j'en vendais près de dix mille exemplaires tous les ans. Voyant qu'il était généralement lu, et répandu dans toutes les parties de la Province, je le considérai comme un véhicule très propre à la propagation de l'instruction parmi le peuple qui achetait rarement d'autres livres. Je remplis donc tous les petits espaces qui se trouvaient entre les jours remarquables du calendrier, par des sentences proverbiales; choisissant celles qui étaient propres à inspirer l'amour du travail ēt de l'économie, comme le moyen d'arriver à la fortune, et par conséquent d'affermir la vertu; car il est plus difficile à un homme dans le besoin, de vivre toujours honnêtement; et, pour me servir ici d'un de ces proverbes, *il est difficile qu'un sac vide se tienne debout.* Je réunis ces proverbes, qui contenaient la sagesse des siècles et des nations, et j'en formai un discours suivi que je mis en tête de l'Almanach de 1757, comme la harangue adressée par un sage vieillard à des gens qui assistaient à une vente. La réunion, en un seul foyer, de tous ces préceptes épars les mit en état de produire une plus forte impression. Ce morceau ayant été universellement approuvé, fut copié dans tous les journaux du continent américain, et réimprimé en Angleterre, sur grand papier, en forme d'affiche. On en fit deux traductions en France, et les curés comme les seigneurs en achetèrent un grand nombre d'exemplaires, pour les distribuer à leurs paroissiens et à leurs paysans. Comme j'y invitais à ne point faire de dépenses inutiles en objets superflus tirés de l'étranger, bien des gens ont pensé qu'il eut sa part d'influence pour produire en Pensylvanie l'abondance de numéraire qu'on put y remarquer quelques années après sa publication. »

LA SCIENCE DU BONHOMME RICHARD, OU LE CHEMIN DE LA FORTUNE.

Ami Lecteur,

J'ai ouï dire que rien ne fait autant de plaisir à un auteur, que de voir ses ouvrages cités avec vénération par d'autres savans écrivains. Il m'est rarement arrivé de jouir de ce plaisir; car, quoique je puisse dire, sans vanité, que, depuis un quart de siècle, je me suis fait annuellement un nom distingué parmi les auteurs (d'almanachs), il ne m'est guère arrivé, j'ignore pour quel motif, de voir mes confrères les écrivains dans le même genre, m'honorer de quelques éloges, ni aucun auteur faire la moindre mention de moi; de sorte que, sans le petit profit effectif que j'ai fait sur mes productions, la disette d'applaudissemens m'aurait totalement découragé.

J'ai conclu à la fin que le meilleur juge de mon mérite était le peuple, puisqu'il achetait mon almanach, d'autant plus qu'en me répandant dans le monde, sans être connu, j'ai souvent entendu répéter par celui-ci ou celui-là quelqu'un de mes adages, en ajoutant à la fin : *comme dit le bonhomme Richard*. Cela m'a fait quelque plaisir, et m'a prouvé que non-seulement on faisait cas de mes leçons, mais qu'on avait encore quelque respect pour mon autorité ; et j'avoue que, pour encourager d'autant plus le monde à se rappeler mes maximes et à les répéter, il m'est arrivé quelquefois de me citer moi-même du ton le plus grave. Jugez d'après cela combien je dus être content d'une aventure que je vais vous rapporter.

Je m'arrêtai l'autre jour à cheval dans

un endroit où il y avait beaucoup de monde assemblé pour une vente publique. L'heure n'étant pas encore venue, la compagnie causait sur la dureté des temps ; et quelqu'un s'adressant à un personnage en cheveux blancs, et assez bien mis, lui dit : « Et vous, père Abraham, que pen-
« sez-vous de ce temps-ci ? N'êtes vous pas
« d'avis que la pesanteur des impositions
« finira par ruiner entièrement le pays ?
« car, comment faire pour les payer ? Que
« nous conseilleriez-vous ? » Le père Abraham se mit à réfléchir, puis il répondit : « Si vous voulez savoir ma façon de penser, je vais vous la dire en peu de mots : *car un mot suffit à qui sait entendre. Ce n'est pas la quantité de mots qui remplit le boisseau :* comme dit le bonhomme Richard. » Tout le monde se réunit pour engager le père Abraham à parler, et l'assemblée s'étant approchée en cercle autour de lui, il tint le discours suivant :

« Mes chers amis et bons voisins, il est certain que les impôts sont très lourds. Cependant, si nous n'avions à payer que ceux que le gouvernement nous demande, nous pourrions espérer d'y faire face plus aisément ; mais nous en avons beaucoup d'autres, et qui sont bien plus onéreux pour quelques-uns de nous. Notre paresse nous coûte le double de ce que nous prend le gouvernement, notre orgueil le triple, et notre extravagance le quadruple. Ces impôts sont d'une telle nature, qu'il n'est pas possible aux commissaires de nous en délivrer ni d'en diminuer le poids. Toutefois si nous voulons écouter un bon conseil il y a quelque chose à espérer pour nous ; car, comme dit le bonhomme Richard dans son almanach de 1733 : *Dieu dit à l'homme : aide-toi, je t'aiderai.*

I. « S'il existait un gouvernement qui obligeât les sujets à donner régulièrement la dixième partie de leur temps pour son service, on trouverait assurément cette condition fort dure ; mais la plupart d'entre nous sont taxés, par leur paresse, d'une manière beaucoup plus tyrannique. Car, si vous comptez le temps que vous passez dans une oisiveté absolue, c'est-à-dire, ou à ne rien faire, ou dans des dissipations qui ne mènent à rien, vous trouverez que je dis vrai. L'oisiveté amène avec elle des incommodités et raccourcit sensiblement la durée de la vie. *L'oisiveté, comme* dit le bonhomme Richard, *ressemble à la rouille, elle use beaucoup plus que le travail : la clef dont on se sert est toujours claire.* Mais *si vous aimez la vie*, comme dit encore le bon homme Richard, *ne prodiguez pas le temps, car c'est l'étoffe dont la vie est faite.* Combien de temps ne donnons-nous pas au sommeil au-delà du nécessaire. Nous oublions *que le renard qui dort ne prend pas de poules*, et que *nous aurons assez de temps à dormir quand nous serons dans le cercueil.* Si le temps est le plus précieux des biens, *la perte du temps,* comme dit le bonhomme Richard, *doit être aussi la plus grande des prodigalités, puisque,* comme il le dit ailleurs, *le temps perdu ne se retrouve jamais, et que ce que nous appelons assez de temps se trouve toujours trop court.* Courage donc, et agissons pendant que nous le pouvons. Moyennant l'activité, nous ferons beaucoup plus avec moins de peine. *La paresse rend tout difficile ; le travail rend tout aisé. Celui qui se lève tard s'agite tout le jour, et commence à peine ses affaires qu'il est déjà nuit. La paresse va si lentement que la pauvreté l'atteint bientôt. Poussez vos affaires et que ce ne soit pas elles qui vous poussent. Se coucher de bonne heure et se lever matin, procure santé, fortune et sagesse.*

« Que signifient les désirs et les espérances de temps plus heureux ? Nous rendrons le temps meilleur si nous savons agir. *Le travail*, comme dit le bonhomme Richard, *n'a pas besoin de souhaits. Celui qui vit d'espérance court risque de mourir de faim : il n'y a point de profit sans peine.* Il faut me servir de mes mains, car je n'ai point de terres, ou, si j'en ai, elles sont fortement imposées ; et, comme le bonhomme Richard l'observe avec raison, *un métier vaut un fonds de terre ; une profession est un emploi qui réunit honneur et profit*. Mais il faut travailler à son métier, et suivre sa profession ; autrement, ni le fonds, ni l'emploi, ne nous aideront à payer nos impôts. Quiconque est laborieux n'a point à craindre la disette ; car *la faim regarde à la porte de l'homme laborieux, mais elle n'ose pas y entrer.* Les commissaires et les huissiers n'y entreront pas non plus ; car *le travail paie les dettes, et le désespoir les augmente.* Il n'est pas nécessaire que vous trouviez des trésors, ni que de riches parens vous fassent leur légataire. *L'activité*, comme dit le bonhomme Richard, *est la mère de la prospérité, et Dieu ne refuse rien au travail. Labourez pendant que le paresseux dort, vous aurez du blé à vendre et à garder.* Labourez pendant tous les instans qui s'appellent aujourd'hui, car vous ne pouvez pas savoir tous les obstacles que vous rencontrerez le lendemain. C'est ce qui fait dire au bonhomme Richard : *un bon aujourd'hui vaut mieux que deux demain.* Et encore : *ne remettez jamais à demain ce que vous pouvez faire aujourd'hui.* Si vous étiez le domestique d'un bon maître, ne seriez-vous pas honteux qu'il vous surprît les bras croisés ? — Mais vous êtes votre propre maître ? — Rougissez donc, de vous surprendre vous-même dans l'oisiveté, lorsque vous avez tant à faire pour vous, pour votre famille, pour votre patrie, pour votre prince. Levez-vous donc dès le point du jour; *que le soleil, en regardant la terre, ne puisse pas dire : Voilà un lâche qui sommeille.* Point de remise, saisissez vos outils, et souvenez-vous, comme dit le bonhomme Richard, qu'*un chat en mitaines ne prend point de souris.* — Vous me direz qu'il y a beaucoup à faire, et que vous n'avez pas la force. — Cela peut être; mais ayez la volonté et la persévérance, et vous verrez des merveilles. Car, comme dit le bonhomme Richard dans son almanach, je ne me souviens pas bien dans quelle année : *L'eau qui tombe constamment goutte à goutte, finit par creuser la pierre. Avec du travail et de la patience, une souris coupe un cable, et de petits coups répétés abattent de grands chênes.*

« Il me semble entendre quelqu'un de vous me dire : — « Est-ce qu'il ne faut « pas prendre quelques instans de loisir? » — Je vous répondrai, mon ami, ce que dit le bonhomme Richard : *Employez bien votre temps, si vous voulez mériter le repos ; et ne perdez pas une heure, puisque vous n'êtes pas sûrs d'une minute.*

Le loisir est un temps qu'on peut employer à quelque chose d'utile. Il n'y a que l'homme vigilant qui puisse se procurer cette espèce de loisir auquel le paresseux ne parvient jamais. *La vie tranquille,* comme dit le bonhomme Richard, *et la vie oisive, sont deux choses fort différentes.* Croyez-vous que la paresse vous procurera plus d'agrément que le travail ? Vous avez tort. Car, comme dit encore le bonhomme Richard : *la paresse engendre les soucis, et le loisir sans nécessité produit des peines fâcheuses. Bien des gens voudraient vivre sans travailler, par leur seul esprit ; mais il échouent faute de fonds.* Le travail, au contraire, amène à sa suite les aises, l'abondance, la considération. *Les plaisirs courent après ceux qui les fuient. La fileuse vigilante ne manque jamais de chemise. Depuis que j'ai un troupeau et une vache chacun me donne le bonjour*, comme dit très bien le bonhomme Richard.

II. « Mais, indépendamment de l'amour du travail, il faut encore avoir de la constance, de la résolution et des soins ; il faut voir ses affaires avec ses propres yeux, et ne pas trop s'en rapporter aux autres. Car, comme dit le bonhomme Richard, *je n'ai jamais vu un arbre qu'on change souvent de place, ni une famille qui déménage souvent, prospérer autant que d'autres qui sont stables.* Et ailleurs : *trois déménagemens font le même tort qu'un incendie. Gardez votre boutique, et votre boutique vous gardera. Si vous voulez faire votre affaire, allez-y vous-même ; si vous voulez qu'elle ne soit pas faite, envoyez-y. Pour que le laboureur prospère, il faut qu'il conduise lui-même sa charrue. L'œil d'un maître fait plus d'ouvrage que ses deux* mains. *Le défaut de soins fait plus de tort que le défaut de savoir. Ne point surveiller les ouvriers, c'est livrer sa bourse à leur discrétion.* Le trop de confiance dans les autres est la ruine de bien des gens, car, comme dit l'almanach, *dans les affaires de ce monde, ce n'est pas par la foi qu'on se sauve, c'est en n'en ayant pas.* Les soins qu'on prend pour soi-même sont toujours profitables ; car, *le savoir est pour l'homme studieux, et les richesses pour l'homme vigilant, comme la puissance pour la bravoure, et le ciel pour la vertu. Si vous voulez avoir un serviteur fidèle et que vous aimiez, servez-vous vous-même.* Le bonhomme Richard conseille la circonspection et le soin, par rapport aux objets même de la plus petite importance, parce qu'il arrive souvent qu'une légère négligence produit un grand mal. *Faute d'un clou,* dit-il, *le fer d'un cheval se perd ; faute d'un fer, on perd le cheval ; et faute d'un* cheval, le cavalier lui-même est perdu, parce que son ennemi l'atteint et le tue; et le tout pour n'avoir pas fait attention à à un clou au fer de sa monture.

III. « C'en est assez, mes amis, sur le travail et sur l'attention que l'on doit donner à ses propres affaires; mais, après cela, nous devons avoir encore l'économie, si nous voulons assurer le succès de notre travail. Si un homme ne sait pas épargner à mesure qu'il gagne, il mourra sans avoir un sou, après avoir été toute sa vie collé sur son ouvrage. *Plus la cuisine est grasse,* dit le bonhomme Richard, *plus le testament est maigre. Bien des fortunes se dissipent en même temps qu'on les gagne, depuis que les femmes ont négligé les quenouilles et le tricot pour la table à thé, et que les hommes ont quitté pour le punch la hache et le marteau. Si vous voulez être riche,* dit-il dans un autre almanach, *n'apprenez pas seulement comment on gagne,* sachez aussi comment on ménage. Les Indes n'ont pas enrichi les Espagnols, parce que leurs dépenses ont été plus considérables que leurs profits.

« Renoncez donc à vos folies dispendieuses, et vous aurez moins à vous plaindre de la dureté des temps, de la pesanteur des impôts et des charges de vos maisons. Car, comme dit le bonhomme Richard, *les femmes, le vin, le jeu et la mauvaise foi diminuent la fortune et augmentent les besoins. Il en coûte plus cher pour entretenir un vice, que pour élever deux enfans.* Vous pensez peut-être qu'un peu de thé, un peu de punch de fois à autre, qu'une table un peu plus délicate, des habits un peu plus beaux, une petite partie de plaisir de loin en loin, ne peuvent pas être de grande conséquence; mais souvenez-vous de ce que dit le bonhomme Richard : *Un peu répété plusieurs fois fait beaucoup.* Soyez en garde contre les pe tes dépenses : *il ne faut qu'une légère voie d'eau pour submerger un grand navire. La délicatesse du goût conduit à la mendicité. Les fous donnent les festins, et les sages les mangent.*

« Vous voilà tous assemblés ici pour une vente de curiosités et de brimborions précieux. Vous appelez cela *des biens ;* mais, si vous n'y prenez garde, il en résultera *des maux* pour quelques-uns de vous. Vous comptez que ces objets seront vendus bon marché, et peut-être le seront-ils moins qu'ils n'ont coûté; mais, s'ils ne vous sont pas nécessaires, ils seront toujours trop chers pour vous. Ressouvenez-vous encore de ce que dit le bonhomme Richard : *Si tu achètes ce qui est superflu pour toi, tu ne tarderas pas à vendre ce qui t'est le plus nécessaire. Réfléchis toujours avant de profiter d'un bon marché.* Le bonhomme pense peut-être que souvent un bon marché n'est qu'apparent, et qu'en vous gênant dans vos affaires, il vous cause plus de tort qu'il ne vous fait de profit. Car je me souviens qu'il dit ailleurs : *J'ai vu quantité de gens ruinés pour avoir fait des bons marchés. C'est une folie d'employer son argent à acheter un repentir.* C'est cependant une folie que l'on fait tous les jours dans les ventes, faute de songer à l'almanach. *Les sages*, dit-il, *s'instruisent par les malheurs d'autrui; les fous deviennent rarement plus sages par leur propre malheur :* FELIX QUEM FACIUNT ALIENA PERICULA CAUTUM. Je sais tel qui, pour orner ses épaules, a fait jeûner son ventre, et a presque réduit sa famille à se passer de pain. *Les étoffes de soie, les satins, les écarlates et les velours,* comme dit le bonhomme Richard, *éteignent le feu de la cuisine.* Loin d'être des besoins de la vie, on peut à peine les regarder comme des commodités, mais, parce qu'ils brillent à la vue, on est

tenté de les avoir. C'est ainsi que les besoins artificiels du genre humain sont devenus plus nombreux que les besoins naturels. *Pour une personne réellement pauvre*, dit le bonhomme Richard, *il y a cent indigens*. Par ces extravagances et autres semblables, les gens du bel air sont réduits à la pauvreté, et forcés d'avoir recours à ceux qu'il méprisaient auparavant, mais qui ont su se maintenir par le travail et l'économie. C'est ce qui prouve *qu'un manant sur ses pieds*, comme dit fort bien le bonhomme Richard, *est plus grand qu'un gentilhomme à genoux*. Peut-être ceux qui se plaignent le plus avaient-ils hérité d'une fortune honnête ; mais, sans connaître les moyens par lesquels elle avait été acquise, ils se sont dit :
« Il est jour, et il ne fera jamais nuit. Une
« si petite dépense sur une fortune comme
« la mienne, ne mérite pas qu'on y fasse
« attention. » — *Les enfans et les fous*,

comme le dit très bien le bonhomme Richard, *imaginent que vingt francs et vingt ans ne peuvent jamais finir.* Mais à force de toujours prendre à la huche, sans y rien mettre, on vient bientôt à trouver le fond ; et alors, comme dit le bonhomme Richard, *quand le puits est sec, on connaît la valeur de l'eau.* Mais c'est ce qu'ils auraient su d'abord, s'ils avaient voulu le consulter. Êtes-vous curieux, mes amis, de connaître ce que vaut l'argent ? Allez et essayez d'en emprunter ; *celui qui va faire un emprunt, va chercher une mortification.* Il en arrive autant à ceux qui prêtent à certaines gens, quand ils vont redemander leur dû. Mais ce n'est pas là notre question.

« Le bonhomme Richard, à propos de ce que je disais d'abord, nous prévient prudemment que *l'orgueil de la parure est une vraie malédiction.* Avant de consulter votre fantaisie, consultez votre bourse.

L'orgueil est un mendiant qui crie aussi haut que le besoin, et qui est bien plus insatiable. Si vous avez acheté une jolie chose, il vous en faudra dix autres encore, afin que l'assortiment soit complet; mais, comme dit le bonhomme Richard, *il est plus aisé de réprimer la première fantaisie, que de satisfaire toutes celles qui viennent ensuite.* Il est aussi fou au pauvre de singer le riche, qu'il l'était à la grenouille de s'enfler pour égaler le bœuf en grosseur. *Les grands vaisseaux peuvent s'aventurer plus au large; mais les petits bateaux doivent se tenir près du rivage.* Les folies de cette espèce sont bientôt punies; car, comme dit le bonhomme Richard, *l'orgueil qui dîne de vanité, soupe de mépris. L'orgueil déjeune avec l'abondance, dîne avec la pauvreté, et soupe avec la honte.* Que revient-il, après tout, de cette vanité de paraître, pour laquelle on a tant de risques à courir et de peines à endurer? Elle ne peut ni conserver la santé, ni adoucir les maux, ni augmenter le mérite personnel; au contraire, elle fait naître l'envie, précipite la ruine des fortunes. *Qu'est-ce qu'un papillon ? Ce n'est tout au plus qu'une chenille habillée, et voilà ce qu'est le petit maître.*

« Quelle folie n'est-ce pas que de s'endetter pour de telles superfluités ! Dans cette vente-ci, mes amis, on nous offre six mois de crédit, et peut-être est-ce l'avantage de cette condition qui a engagé quelques-uns de nous à s'y trouver, parce que, n'ayant point d'argent comptant à dépenser, nous espérons satisfaire notre fantaisie, sans rien débourser. Mais, hélas ! pensez-vous bien à ce que vous faites, lorsque vous vous endettez ? Vous donnez des droits à un autre sur votre liberté. Si vous ne pouvez pas payer au terme fixé, vous serez honteux de voir votre créancier; vous serez dans l'appréhension en lui parlant; vous vous abaisserez à des excuses pitoyablement motivées; peu à peu vous perdrez votre franchise, et vous en viendrez enfin à vous déshonorer par les menteries les plus évidentes et les plus méprisables. Car, comme dit le bonhomme Richard, *le second vice est de mentir, le premier est de s'endetter. Le mensonge monte en croupe de la dette.* Un homme né libre ne devrait jamais rougir ni appréhender de parler à quelque homme vivant que ce soit, ni de le regarder en face; mais souvent la pauvreté efface et courage et vertu. *Il est difficile*, dit le bonhomme Richard, *qu'un sac vide se tienne debout.* Que penseriez-vous d'un prince ou d'un gouvernement qui vous défendrait, par un édit, de vous habiller comme les personnes de distinction, sous peine de prison ou de servitude? — Ne diriez-vous pas que vous êtes nés libres, que vous avez le droit de vous habiller comme bon vous semble; qu'un tel édit serait un attentat formel contre vos privilèges, et qu'un tel gouvernement serait tyrannique?—Et cependant vous vous soumettez vous-mêmes à une pareille tyrannie, quand vous vous endettez pour vous vêtir ainsi. Votre créancier a le droit, si bon lui semble, de vous priver de votre liberté, en vous confinant pour toute votre vie dans une prison, ou en vous vendant comme esclave, si vous n'êtes pas en état de le payer. Quand vous avez fait votre marché, peut-être ne songiez-vous guère au paiement ; mais *les créanciers*, comme dit le bonhomme Richard, *ont meilleure mémoire que les débiteurs. Les créanciers sont une secte superstitieuse, et grands observateurs de toutes les époques du calendrier.* Le jour de l'échéance arrive avant que vous n'y songiez, et la demande vous est faite sans que vous soyez préparé à y satisfaire; ou, si vous songez à votre dette, le terme, qui semblait d'abord si long, vous paraîtra, en s'approchant, extrêmement court : vous croirez que le Temps a mis des ailes aux talons, comme il en a aux épaules. *Le carême est bien court*, dit le bonhomme Richard, *pour ceux qui doivent payer à Pâques.* L'emprunteur est esclave du prêteur, et le débiteur du créancier; ayez horreur de cette chaîne : conservez votre liberté, et maintenez votre indépendance; soyez laborieux et libres; soyez économes et libres. Peut-être vous croyez-vous, en ce moment, dans un état prospère qui vous permet de satisfaire impunément quelque fantaisie; mais épargnez pour le temps de la vieillesse et du besoin, pendant que vous le pouvez : *Le soleil du matin ne dure pas tout le jour.* Le gain est incertain et passager, mais la dépense sera, toute votre vie, continuelle et certaine. *Il est plus aisé de bâtir deux cheminées que d'en tenir une chaude*, comme dit le bonhomme

Richard; *ainsi allez plutôt vous coucher sans souper, que de vous lever avec des dettes. Gagnez ce que vous pourrez, et gardez votre gain : voilà le véritable secret de changer votre plomb en or;* et quand vous posséderez cette pierre philosophale, soyez sûrs que vous ne vous plaindrez plus de la rigueur des temps, ni de la difficulté à payer les impôts.

« IV. Cette doctrine, mes amis, est celle de la raison et de la sagesse. N'allez pas, cependant, vous confier uniquement à votre travail, à votre économie, à votre prudence. Ce sont d'excellentes choses, mais elles vous seront tout-à-fait inutiles, sans les bénédictions du ciel. Demandez donc humblement ces bénédictions ; ne soyez point sans charité pour ceux qui paraissent à présent dans le besoin; mais donnez-leur des consolations et des secours. Souvenez-vous que Job fut misérable, et qu'ensuite il redevint heureux.

« Je n'en dirai pas davantage. *L'expérience tient une école où les leçons coûtent cher; mais c'est la seule où les insensés puissent s'instruire*, comme dit le bonhomme Richard; encore n'y apprennent-ils pas grand'chose : car, comme il le dit avec vérité, *on peut donner un bon avis, mais non pas la bonne conduite.* Toutefois, souvenez-vous que *celui qui ne sait pas être conseillé ne peut pas être secouru;* car, comme dit le bonhomme Richard, *si vous ne voulez pas écouter la raison, elle ne manquera pas de vous donner sur les doigts.* »

Le vieil Abraham finit ainsi sa harangue. On écouta son discours, on approuva ses maximes; mais on ne manqua pas de faire sur-le-champ le contraire, précisément ainsi qu'il arrive aux sermons ordinaires : car, la vente ayant commencé, chacun acheta de la manière la plus extravagante, nonobstant toutes les remontrances du sermoneur, et les craintes qu'avait l'assemblée de ne pouvoir pas payer les impôts. Je vis que le bonhomme avait soigneusement étudié mes almanachs, et mis en ordre tout ce que j'avais dit sur ces matières pendant vingt-cinq ans. Les fréquentes mentions qu'il avait faites de moi auraient été ennuyeuses pour tout autre; mais ma vanité en fut merveilleusement flattée, quoique je susse bien que, de toute la sagesse qu'on m'attribuait, il n'y avait pas la dixième partie qui m'appartînt, et que je n'eusse recueillie, en glanant, d'après le bon sens de tous les siècles et de toutes les nations. Quoi qu'il en soit, je résolus de faire mon profit de cet écho pour me corriger; et, quoique d'abord j'eusse formé la résolution d'acheter de quoi me faire un habit neuf, je me retirai, déterminé à faire durer le vieux. Lecteur, si vous pouvez faire de même, vous y gagnerez autant que moi.

RICHARD SAUNDERS.

LE SIFFLET. 151

LE SIFFLET. *

Je suis charmé de votre description du paradis, et de vos plans pour y vivre. J'approuve aussi très fortement la conclusion que vous faites, qu'en attendant il faut tirer de ce bas monde tout le bien qu'on en peut tirer. A mon avis, il serait très possible pour nous d'en tirer beaucoup plus de bien, et d'en souffrir moins de mal, si nous voulions seulement prendre garde de *ne donner pas trop pour nos sifflets*. Car il me semble que la plupart des

* Extrait d'une lettre écrite de Passy, le 10 novembre 1779, à madame Brillon, et traduite en français par Franklin.

malheureux qu'on trouve dans le monde sont devenus tels par leur négligence de cette précaution.

Vous demandez ce que je veux dire ? Vous aimez les histoires, et vous m'excuserez si je vous en donne une qui me regarde moi-même. Quand j'étais un enfant de cinq ou six ans, mes amis, un jour de fête, remplirent ma petite poche de sous. J'allai tout de suite à une boutique où on vendait des babioles; mais, étant charmé du son d'un sifflet que je rencontrai en chemin dans les mains d'un autre petit garçon, je lui offris et donnai volontiers pour cela tout mon argent. Revenu chez moi, sifflant par toute la maison, fort content de mon achat, mais fatiguant les oreilles de toute la famille, mes frères, mes sœurs, mes cousines, apprenant que j'avais tant donné pour ce mauvais bruit, me dirent que c'était dix fois plus que la valeur : alors ils me firent penser au nombre de bonnes choses que j'aurais pu acheter avec le reste de ma monnaie, si j'avais été plus prudent : ils me ridiculisèrent tant de ma folie, que j'en pleurai de dépit; et la réflexion me donna plus de chagrin, que le sifflet de plaisir.

Cet accident fut cependant dans la suite de quelque utilité pour moi, l'impression restant sur mon âme; de sorte que, lorsque j'étais tenté d'acheter quelque chose qui ne m'était pas nécessaire, je disais en moi-même, *ne donnons pas trop pour le sifflet*; et j'épargnais mon argent.

Devenant grand garçon, entrant dans le monde et observant les actions des hommes, je vis que je rencontrais nombre de gens *qui donnaient trop pour le sifflet.*

Quand j'ai vu quelqu'un qui, ambitieux de la faveur de la cour, consumait son temps en assiduités aux levers, son repos, sa liberté, sa vertu, et peut-être même ses vrais amis, pour obtenir quelque petite distinction, j'ai dit en moi-même : Cet homme *donne trop pour son sifflet.*

Quand j'en ai vu un autre, avide de se rendre populaire, et pour cela s'occupant toujours de contestations publiques, négligeant ses affaires particulières, et les ruinant par cette négligence : *il paie trop, ai-je dit, pour son sifflet.*

Si j'ai connu un avare, qui renonçait à toute manière de vivre commodément, à tout le plaisir de faire du bien aux autres, à toute l'estime de ses compatriotes, et à tous les charmes de l'amitié, pour avoir un morceau de métal jaune : Pauvre homme, disais-je, *vous donnez trop pour votre sifflet.*

Quand j'ai rencontré un homme de plaisir, sacrifiant tout louable perfectionnement de son âme, et toute amélioration de son état, aux voluptés du sens purement corporel, et détruisant sa santé dans leur poursuite : Homme trompé, ai-je dit, vous vous procurez des peines au lieu des plaisirs; *vous payez trop pour votre sifflet.*

Si j'en ai vu un autre, entêté de beaux habillemens, belles maisons, beaux meubles, beaux équipages, tout au-dessus de sa fortune, qu'il ne se procurait qu'en faisant des dettes, et en allant finir sa carrière dans une prison : Hélas! ai-je dit, *il a payé trop pour son sifflet.*

Quand j'ai vu une très belle fille, d'un naturel bon et doux, mariée à un homme féroce et brutal, qui la maltraite continuellement : C'est grand'pitié, ai-je dit, qu'elle ait *tant payé pour un sifflet!*

Enfin, j'ai conçu que la plus grande partie des malheurs de l'espèce humaine viennent des estimations fausses qu'on fait de la valeur des choses, et de ce *qu'on donne trop pour les sifflets.*

Néanmoins je sens que je dois avoir de la charité pour ces gens malheureux, quand je considère qu'avec toute la sagesse dont je me vante, il y a certaines choses dans ce bas monde si tentantes (par exemple, les pommes du roi Jean, lesquelles heureusement ne sont pas à acheter), que si elles étaient mises à l'enchère, je pourrais être très facilement porté à me ruiner par leur achat, et trouver que j'aurais encore une fois *donné trop pour le sifflet.*

PÉTITION DE LA MAIN GAUCHE AUX PERSONNES QUI ONT LA SURINTENDANCE DE L'ÉDUCATION.

Je m'adresse à tous les amis de la jeunesse, et je les conjure de laisser tomber un regard de compassion sur mon malheureux sort, afin qu'ils écartent les préjugés dont je suis la victime. Nous sommes deux sœurs : les deux yeux d'un homme ne se ressemblent pas davantage; et ils ne sauraient vivre ensemble en meilleurs termes que nous ne le ferions ma sœur et moi, sans la partialité de nos parens, qui mettent entre nous les plus injurieuses distinctions. Depuis mon enfance, j'ai été élevée à considérer ma sœur comme étant d'un rang supérieur au mien. On m'a laissé grandir sans la moindre instruction, tandis que, pour son éducation, rien n'a été épargné. Elle a eu des maîtres d'écriture, de dessin, de musique et d'autres encore; mais moi, si par hasard je touchais un crayon, une plume, une aiguille, j'étais sévèrement grondée; et plus d'une fois j'ai été battue pour maladresse et pour défaut de bonnes manières. Il est vrai que ma sœur m'a associée à elle en quelques occasions, mais elle se faisait toujours un point d'honneur de prendre la suprême direction, ne m'appelant que par nécessité, ou pour me faire figurer à son avantage.

N'allez pas croire, Messieurs, que mes plaintes soient dictées par un pur sentiment de vanité. Non; mes peines ont une cause beaucoup plus sérieuse. Dans la famille à laquelle nous appartenons, l'habitude est que tous les soins nécessaires à la subsistance tombent sur ma sœur et sur moi. Si quelque indisposition vient attaquer ma sœur, et, je le dis ici en confidence, elle est sujette à la goutte, au rhumatisme, aux crampes, sans parler des autres accidens, quel sera le sort de notre pauvre famille? Ne sera-ce pas un sujet de regrets amers pour nos parens, que d'avoir mis une si grande différence entre deux sœurs d'une égalité si parfaite? Hélas! il nous faudra périr de détresse, et il ne sera pas en mon pouvoir de parvenir même à griffonner une humble supplique pour implorer des secours; car j'ai été obligée d'employer une main étrangère pour transcrire la requête que j'ai présentement l'honneur de vous adresser.

Daignez, Messieurs, faire sentir à mes parens l'injustice d'une tendresse exclusive, et la nécessité de distribuer avec égalité leurs soins et leur affection entre tous leurs enfans.

Je suis avec un profond respect, Messieurs, votre très humble servante,

LA MAIN GAUCHE.

DÉCOUVERTE ÉCONOMIQUE.*

Messieurs, vous nous faites souvent part des découvertes nouvelles; permettez-moi de vous en communiquer une dont je suis moi-même l'auteur, et que je crois pouvoir être d'une grande utilité.

Je passais, il y a quelques jours, la soirée en grande compagnie, dans une maison où l'on essayait les nouvelles lampes de MM. Quinquet et Lange; on y admirait la vivacité de la lumière qu'elles répandent; mais on s'occupait beaucoup de sa-

* Ce morceau, écrit en français par l'auteur, a été inséré dans le *Journal de Paris* du 26 avril 1784.

voir si elles ne consumaient pas encore plus d'huile que les lampes communes, en proportion de l'éclat de leur lumière, auquel cas on craignit qu'il n'y eût aucune *épargne* à s'en servir. Personne de la compagnie ne fut en état de nous tranquilliser sur ce point, qui paraissait à tout le monde très important à éclaircir, pour diminuer, disait-on, s'il était possible, les frais des lumières dans les appartemens, dans un temps où tous les autres articles de la dépense des maisons augmentent considérablement tous les jours.

Je regardai avec beaucoup de satisfaction ce goût général pour l'économie, car j'aime infiniment l'économie.

Je rentrai chez moi et me couchai vers les trois heures après minuit, l'esprit plein du sujet qu'on avait traité. Vers les six heures du matin, je fus réveillé par un bruit au-dessus de ma tête, et je fus fort étonné de voir ma chambre très éclairée.

Encore à moitié endormi, j'imaginai d'abord qu'on y avait allumé une douzaine de lampes de M. Quinquet; mais en me frottant les yeux, je reconnus distinctement que la lumière entrait par mes fenêtres. Je me levai pour savoir d'où elle venait, et je vis que le soleil s'élevait à ce moment même des bords de l'horizon, d'où il versait abondamment ses rayons dans ma chambre, mon domestique ayant oublié de fermer mes volets. Je regardai mes montres qui sont fort bonnes, et je vis qu'il n'était que six heures, mais trouvant extraordinaire que le soleil fût levé de si bon matin, j'allai consulter l'Almanach, où l'heure du lever du soleil était en effet fixée à six heures précises pour ce jour-là. Je poussai un peu plus loin ma recherche, et je lus que cet astre continuerait de se lever tous les jours plus matin jusqu'à la fin du mois de juin; mais qu'en aucun temps de l'année il ne retardait son lever jusqu'à huit heures.

Vous avez sûrement, Messieurs, beaucoup de lecteurs des deux sexes qui, comme moi, n'ont jamais vu le soleil avant onze heures ou midi, et qui lisent bien rarement la partie astronomique du calendrier de la cour; je ne doute pas que ces personnes ne soient aussi étonnées d'entendre que le soleil se lève de si bonne heure que j'ai été moi-même de le voir. Elles ne le seront pas moins de m'entendre assurer *qu'il donne la lumière au moment même où il se lève*; mais j'ai la preuve du fait. Il ne m'est pas possible d'en douter. Je suis témoin oculaire de ce que j'avance, et en répétant l'observation les trois jours suivans, j'ai obtenu constamment le même résultat.

Je dois cependant vous dire que, lorsque j'ai fait part de ma découverte dans la société, j'ai bien démêlé dans la contenance et à l'air de beaucoup de personnes un peu d'incrédulité, quoiqu'elles aient eu assez de politesse pour ne pas me le témoigner en termes exprès.

Cet évènement m'a fait faire plusieurs réflexions sérieuses et que je crois importantes. J'ai considéré que sans l'accident qui m'a éveillé ce jour-là si matin, j'aurais dormi environ six heures de plus, pendant lesquelles le soleil donnait sa lumière; et par conséquent j'aurais vécu six heures de plus à la lueur des bougies. Cette dernière manière de s'éclairer étant beaucoup plus coûteuse que la première, mon goût pour l'économie m'a conduit à me servir du peu d'arithmétique que je sais, pour quelques calculs sur cette matière, et je vous les envoie, Messieurs, en vous faisant observer que le grand mérite d'une invention est son utilité, et qu'une découverte dont on ne peut faire aucun usage n'est bonne à rien.

Je prends pour base de mon calcul la supposition qu'il y a cent mille familles à

Paris qui consomment chacune, pendant la durée de la nuit, et les unes dans les autres, une demi-livre de bougie ou de chandelle par heure. Je crois cette estimation modérée, car quoique quelques-unes consomment moins, il y en a un grand nombre qui consomment beaucoup davantage. Maintenant je compte environ sept heures par jour pendant lesquelles nous sommes encore couchés, le soleil étant sur l'horizon; car il se lève pendant six mois entre six et huit heures avant midi, et nous nous éclairons environ sept heures dans les vingt-quatre avec des bougies et des chandelles. Ces deux faits me fournissent les calculs suivans :

Les six mois du 20 mars au 20 septembre me donnent cent quatre-vingt-trois nuits. Je multiplie ce nombre par sept pour avoir le nombre des heures pendant lesquelles nous brûlons de la bougie ou de la chandelle, et j'ai douze cent quatre-vingt-un. Ce nombre, multiplié par cent mille, qui est celui des familles, donne cent vingt-huit millions, cent mille heures de consommation. A supposer, comme je l'ai dit, une demi-livre de bougie ou de chandelle consommée par chaque heure dans chaque famille, on aura soixante-quatre millions, cinquante mille livres pesant de cire ou de suif consommés à Paris; et si l'on estime la cire et le suif l'un dans l'autre au prix moyen de 30 sous la livre, on aura une dépense annuelle de 96,075,000 livres tournois en cire et en suif: somme énorme! que la seule ville de Paris épargnerait en se servant, pendant les six mois d'été seulement, de la lumière du soleil, au lieu de celle des chandelles et des bougies; et voilà, Messieurs, la découverte que j'annonce et la réforme que je propose.

Je sais qu'on me dira que l'attachement aux anciennes habitudes est un obstacle invincible à ce qu'on adopte mon plan;

qu'il sera plus que difficile de déterminer beaucoup de gens à se lever avant onze heures ou midi, et que, par conséquent, ma découverte restera parfaitement inutile; mais je répondrai qu'*il ne faut désespérer de rien*. Je crois que toutes les personnes raisonnables qui auront lu cette lettre, et qui, par ce moyen, auront appris qu'il fait jour aussitôt que le soleil se lève, se détermineront à se lever avec lui; et quant aux autres, pour les faire entrer dans la même route, je propose au gouvernement de faire les réglemens suivans:

1° Mettre une taxe d'un louis sur chaque fenêtre qui aura des volets empêchant la lumière d'entrer dans les appartemens aussitôt que le soleil est sur l'horizon.

2° Établir, pour la consommation de la cire et de la chandelle dans Paris, la même loi salutaire de police qu'on a faite pour diminuer la consommation du bois pendant l'hiver qui vient de finir; placer des gardes à toutes les boutiques de ciriers et de chandelliers, et ne pas permettre à chaque famille d'user plus d'une livre de chandelles par semaine.

3° Faire sonner toutes les cloches des églises au lever du soleil ; et si cela n'est pas suffisant, faire tirer un coup de canon dans chaque rue, pour ouvrir les yeux des paresseux sur leur véritable intérêt.

Toute la difficulté sera dans les deux ou trois premiers jours, après lesquels ce nouveau genre de vie sera tout aussi naturel et tout aussi commode que l'irrégularité dans laquelle nous vivons ; *car il n'y a que le premier pas qui coûte*. Forcez un homme de se lever à quatre heures du matin, il est plus que probable qu'il se couchera très volontiers à huit heures du soir, et qu'après avoir dormi huit heures, il se lèvera sans peine à quatre heures le lendemain matin.

L'épargne de cette somme de 96,075,000 l.

tournois qui se dépensent en bougies et chandelles, n'est pas le seul avantage de mon économique projet. Vous pouvez remarquer que mon calcul n'embrasse qu'une moitié de l'année ; et que, par les mêmes raisons, on peut épargner beaucoup, même dans les six mois d'hiver, quoique les jours soient plus courts. J'ajoute que l'immense quantité de cire et de suif qui restera après la suppression de la consommation de l'été, rendra la cire et le suif à meilleur marché l'hiver suivant, et pour l'avenir, tant que la réforme que je propose se soutiendra.

Quoique ma découverte puisse procurer de si grands avantages, je ne demande, pour l'avoir communiquée au public avec tant de franchise, ni place, ni pension, ni privilège, ni aucun autre genre de récompense. Je ne veux que l'honneur qui doit m'en revenir, si l'on me rend justice. Je prévois bien que quelques esprits étroits et jaloux me le disputeront, qu'ils diront que les anciens ont eu cette idée avant moi, et peut-être trouveront-ils quelques passages dans de vieux livres pour appuyer leur prétention. Je ne leur nierai point que les anciens ont connu en effet les heures du lever du soleil ; peut-être ont-ils eu, comme nous, des almanachs où ces heures étaient marquées, mais il ne s'ensuit pas de là qu'ils aient su ce que je prétends avoir enseigné le premier, *qu'il nous éclaire aussitôt qu'il se lève;* c'est là ce que je revendique comme ma découverte. En tout cas, si les anciens ont connu cette vérité, elle a été bien oubliée depuis et pendant long-temps; car elle est certainement ignorée des modernes, ou au moins des habitans de Paris : ce que je prouve par un argument bien simple. On sait que les Parisiens sont un peuple aussi éclairé, aussi judicieux, aussi sage qu'il en existe dans le monde : tous, ainsi que moi, ont un grand goût pour l'économie, et font profession de cette vertu; tous ont de très bonnes raisons pour l'aimer. Or, cela posé, je dis qu'il est impossible qu'un peuple sage, dans de semblables circonstances, eût fait si long-temps usage de la lumière fuligineuse, malsaine et dispendieuse de la bougie et de la chandelle, s'il eût connu, comme je viens de l'apprendre et de l'enseigner, qu'on pouvait s'éclairer pour rien de la belle et pure lumière du soleil.

J'ai l'honneur d'être, etc.

Un abonné.

L'ART D'AVOIR DES SONGES AGRÉABLES.

Comme une grande partie de notre vie s'emploie à dormir, et que, pendant ce temps-là, nous avons quelquefois des songes agréables et quelquefois des songes fâcheux, il n'est pas sans importance de se procurer les premiers, et d'écarter les autres; car, réels ou imaginaires, la peine est toujours peine, le plaisir toujours plaisir. Si nous pouvons dormir sans rêver, c'est un bien, puisque les songes fâcheux sont écartés; si, pendant notre sommeil, nous pouvons avoir des songes agréables, c'est, comme on le dit en français, *autant de gagné*, c'est autant d'ajouté au plaisir de la vie.

D'AVOIR DES SONGES AGRÉABLES. 173

Pour cela, il est nécessaire, en premier lieu, de mettre beaucoup de soin à conserver sa santé par un exercice convenable et une grande tempérance; car, dans les maladies, l'imagination est troublée, et des idées désagréables, quelquefois même terribles, sont disposées à se présenter. L'exercice doit précéder les repas, et non les suivre immédiatement. Dans le premier cas, il aide la digestion; et, dans le second, il la gêne, à moins qu'il ne soit modéré. Si, après avoir pris de l'exercice, nous mangeons avec ménagement, la digestion est facile et bonne, le corps dispos, l'humeur gaie, et toutes les fonctions animales se font bien. Le sommeil, qui suit, est naturel et tranquille; mais l'indolence, jointe aux excès de la table, occasionne des cauchemars et des terreurs inexprimables; on croit tomber dans des précipices, être assailli par des bêtes féroces, des assassins, des démons, et l'on éprouve des tourmens sous mille formes. Notez, au reste, qu'il doit s'établir une proportion en ce que l'on prend de nourriture et d'exercice. Celui qui se donne beaucoup de mouvement peut, et doit même, manger davantage; ceux qui se bornent à un faible exercice doivent manger peu. En général, l'espèce humaine, depuis les progrès de la cuisine, mange deux fois plus que la nature ne le demande. Les soupers ne sont pas mauvais, lorsqu'on n'a pas dîné; mais des nuits agitées sont une suite naturelle des soupers joyeux, pris après de copieux dîners. Il est vrai que quelques personnes, grâce à la différence des constitutions, reposent bien après ces repas; il ne leur en coûte qu'un songe épouvantable et une apoplexie; après quoi, les voilà endormies jusqu'au jugement dernier. Rien n'est plus ordinaire, dans les journaux, que les exemples de gens qui, après avoir joyeusement soupé, sont trouvés morts le lendemain dans leur lit.

Un autre moyen de se conserver la santé est d'avoir l'attention de renouveler constamment l'air de sa chambre à coucher. C'est une grande erreur que de tenir à ce qu'elle soit très close, et que de vouloir des lits enveloppés de rideaux. L'air respiré est malsain; la nature le chasse hors de nous par les pores et les poumons. Dans une chambre exactement fermée à l'air extérieur, c'est l'air déjà respiré qu'il faut plusieurs fois recevoir et respirer encore, quoique à chaque fois il devienne de plus en plus pernicieux....... Lorsque l'air est saturé de la matière transpirable qui s'échappe de notre corps, et qui se compose d'une partie de nos alimens, il ne peut plus recevoir aucune quantité nouvelle de cette matière, qui reste alors en nous plus long-temps qu'elle ne devrait, et nous cause des maladies. On est averti de cet état par un malaise d'abord fort léger, par une inquiétude assez difficile à décrire, et dont peu de personnes, tout en l'éprouvant, connaissent la cause. On a peine à se rendormir; on se retourne souvent avant de pouvoir trouver le repos d'aucun côté, etc.....

C'est là une des grandes et principales causes des songes déplaisans. Quand le corps est mal à l'aise, l'âme en est troublée, et toutes sortes d'idées désagréables en deviennent, dans le sommeil, la conséquence naturelle. Voici par quels remèdes on peut prévenir et guérir cet état :

1° En mangeant modérément, il se produit, dans un temps donné, une moindre quantité de matière transpirable; les draps du lit peuvent plus long-temps la recevoir sans en être saturés, et nous pouvons alors jouir d'un plus long sommeil avant de nous trouver incommodés par ces miasmes qui surchargent l'air.

2° On peut faire usage de couvertures de lit plus légères et plus perméables, qui laisseront à la matière transpirable un passage plus facile et nous incommoderont moins, étant susceptibles de la recevoir plus long-temps.

3° Lorsqu'on est réveillé par cette sorte d'inquiétude, et que l'on ne peut aisément se rendormir, il faut sortir du lit, battre et retourner son oreiller, bien secouer ses draps une vingtaine de fois, puis ouvrir son lit et le laisser rafraîchir, en se promenant dans sa chambre sans s'habiller. Rentré ensuite dans le lit, on s'endormira bientôt d'un sommeil doux et paisible. Tous les tableaux qui se présenteront à l'imagination seront agréables. J'ai souvent de ces songes, qui ne sont pas moins amusans pour moi que les scènes d'un opéra. Si vous êtes trop paresseux à sortir du lit, vous pouvez vous contenter de soulever votre couverture avec le bras ou la jambe, en la laissant ensuite retomber lorsqu'une bonne quantité d'air nouveau s'y sera introduite; manège qu'il faudra répéter une vingtaine de fois... Mais cette dernière méthode ne vaut pas la première.

Les personnes qui n'aiment point l'embarras, et qui peuvent avoir deux lits, trouveront, lorsque la chaleur du lit les tiendra éveillés, un grand plaisir à se lever pour entrer dans un lit frais. Ce changement de lit pourrait aussi rendre grand service aux personnes attaquées de la fièvre, parce qu'il les rafraîchirait et leur procurerait souvent du sommeil. Un lit assez large pour que l'on puisse y passer d'une place chaude dans une place fraîche, reviendra à peu près au même.

Un ou deux avis de plus termineront ce morceau. Il faut avoir grand soin, quand on se couche, d'arranger son oreiller conformément à l'habitude qu'on a de poser sa tête, et en sorte d'être parfaitement à

D'AVOIR DES SONGES AGRÉABLES.

son aise; puis il faut placer ses membres de manière à ce qu'ils ne se gênent pas les uns les autres. Une mauvaise position, quoiqu'elle soit d'abord peu sensible, et qu'elle se fasse à peine remarquer, devient moins supportable par sa continuité, et l'incommodité peut s'en faire sentir dans le sommeil et troubler l'imagination.

Telles sont les règles de l'art d'avoir des songes agréables. Cependant malgré l'expérience de leur efficacité, il est un cas où leur observation la plus ponctuelle sera totalement infructueuse. Ce cas est celui où la personne qui veut des songes agréables n'aura pas pris soin d'abord d'avoir ce qui est plus nécessaire que toutes choses : UNE BONNE CONSCIENCE.

DIALOGUE ENTRE LA GOUTTE ET FRANKLIN.*

FRANKLIN. Eh! oh! oh! mon Dieu! qu'ai-je fait pour mériter ces souffrances cruelles?

LA GOUTTE. Beaucoup de choses. Vous avez trop mangé, trop bu, et trop indulgé vos jambes en leur indolence.

FRANKLIN. Qui est-ce qui me parle?

LA GOUTTE. C'est moi-même, la Goutte.

FRANKLIN. Mon ennemie en personne!

LA GOUTTE. Pas votre ennemie.

FRANKLIN. Oui, mon ennemie; car non-seulement vous voulez me tuer le corps par vos tourmens, mais vous tachez aussi

* A minuit, le 22 octobre 1780. Ecrit en français par l'auteur.

de détruire ma bonne réputation. Vous me représentez comme un gourmand et un ivrogne. Et tout le monde qui me connaît sait qu'on ne m'a jamais accusé auparavant d'être un homme qui mangeait trop, ou qui buvait trop.

LA GOUTTE. Le monde peut juger comme il lui plaît. Il a toujours beaucoup de complaisance pour lui-même, et quelquefois pour ses amis. Mais je sais bien que ce qui n'est pas trop boire ni trop manger pour un homme qui fait raisonnablement d'exercice, est trop pour un homme qui n'en fait point.

FRANKLIN. Je prends, — eh! eh! -- autant d'exercice, -- eh! — que je puis, madame la Goutte. Vous connaissez mon état sédentaire, et il me semble qu'en conséquence vous pourriez, madame la Goutte, m'épargner un peu, considérant que ce n'est pas tout-à-fait ma faute.

LA GOUTTE. Point du tout. Votre rhétorique et votre politesse sont également perdues. Votre excuse ne vaut rien. Si votre état est sédentaire, vos récréations, vos amusemens doivent être actifs. Vous devez vous promener à pied ou à cheval; ou, si le temps vous en empêche, jouer au billard. Mais examinons votre cours de vie. Quand les matinées sont longues et que vous avez assez de temps pour vous promener, qu'est-ce que vous faites? Au lieu de gagner de l'appétit pour votre déjeûner par un exercice salutaire, vous vous amusez à lire des livres, des brochures, ou des gazettes, dont la plupart n'en valent pas la peine. Vous déjeûnez néanmoins largement. Il ne vous faut pas moins de quatre tasses de thé à la crême, avec une ou deux tartines de pain ou de beurre, couvertes de tranches de bœuf fumé, qui, je crois, ne sont pas les choses du monde les plus faciles à digérer. Tout de suite vous vous placez à votre bureau; vous y écrivez, ou vous parlez aux gens qui viennent vous chercher pour affaire. Cela dure jusqu'à une heure après midi, sans le moindre exercice de corps. Tout cela, je vous le pardonne, parce que cela tient, comme vous dites, à votre état sédentaire. Mais, après dîner, que faites-vous? Au lieu de vous promener dans les beaux jardins de vos amis chez lesquels vous avez dîné, comme font les gens sensés, vous voilà établi à l'échiquier, jouant aux échecs, où on peut vous trouver deux ou trois heures. C'est là votre récréation éternelle : la récréation qui de toutes est la moins propre à un homme sédentaire ; parce qu'au lieu d'accélérer le mouvement des fluides, ce jeu demande une attention si forte et si fixe, que la circulation est retardée, et les secrétions internes empêchées. Enveloppé dans les spéculations de ce misérable jeu, vous détruisez votre constitution. Que peut-on attendre d'une telle façon de vivre, sinon un corps plein d'humeurs stagnantes prêtes à se corrompre, un corps prêt à tomber en toutes sortes de maladies dangereuses, si moi, la Goutte, je ne viens pas de temps en temps à votre secours pour agiter ces humeurs, et les purifier, ou les dissiper? Si c'était dans quelque petite rue, ou dans quelque coin de Paris, dépourvu de promenades, que vous employassiez quelque temps aux échecs après votre dîner, vous pourriez dire cela pour excuse : mais c'est la même chose à Passy, à Auteuil, à Montmartre, à Épinay, à Sanoy, où il y a les plus beaux jardins et promenades, et belles dames, l'air le plus pur, les conversations les plus agréables, les plus instructives, que vous pouvez avoir tout en vous promenant; mais tout cela est négligé pour cet abominable jeu d'échecs. Fi donc, M. Franklin! Mais, en continuant mes instructions, j'oubliais de vous donner vos corrections. Tenez; cet élancement, et celui-ci.

FRANKLIN. Oh! eh! oh! ohhh! — Autant que vous voudrez de vos instructions, madame la Goutte, même de vos reproches; mais, de grâce, plus de vos corrections.

LA GOUTTE. Tout au contraire; je ne vous rabattrai pas le quart d'une. Elles sont pour votre bien. Tenez.

FRANKLIN. Oh! ehhh! — Ce n'est pas juste de dire que je ne prends aucun exercice. J'en fais souvent dans ma voiture, en sortant pour aller dîner, et en revenant.

LA GOUTTE. C'est, de tous les exercices imaginables, le plus léger et le plus insignifiant, que celui qui est donné par le mouvement d'une voiture suspendue sur des ressorts. En observant la quantité de chaleur obtenue de différentes espèces de mouvement, on peut former quelque jugement de la quantité d'exercice qui est donnée par chacun. Si, par exemple, vous sortez à pied, en hiver, avec les pieds froids, en marchant un heure vous aurez les pieds et tout le corps bien échauffés. Si vous montez à cheval, il faut trotter quatre heures avant de trouver le même effet. Mais, si vous vous placez dans une voiture bien suspendue, vous pouvez voyager toute une journée, et arriver à votre dernière auberge avec vos pieds encore froids. Ne vous flattez donc pas qu'en passant une demi-heure dans votre voiture vous preniez de l'exercice. Dieu n'a pas donné des voitures à roues à tout le monde, mais il a donné à chacun deux jambes, qui sont des machines infiniment plus commodes et plus serviables : soyez-en reconnaissant, et faites usage des vôtres. Voulez-vous savoir comment elles font circuler vos fluides, en même temps qu'elles vous transportent d'un lieu à un autre? Pensez que, quand vous marchez, tout le poids de votre corps est jeté alternativement sur l'une et l'autre jambe; cela presse avec grande force les vaisseaux du pied, et refoule ce qu'ils contiennent. Pendant que le poids est ôté de ce pied, et 'eté sur l'autre, les vaisseaux ont le temps de se remplir, et par le retour du poids ce refoulement est répété; ainsi la circulation du sang est accélérée en marchant. La chaleur, produite en un certain espace de temps, est en raison de l'accélération : les fluides sont battus, les humeurs atténuées, les sécrétions facilitées, et tout va bien. Les joues prennent du vermeil, et la santé est établie. Regardez votre amie d'Auteuil*, une femme qui a reçu de la nature plus de science vraiment utile, qu'une demi-douzaine ensemble de vous, philosophes prétendus, n'en avez tiré de tous vos livres. Quand elle voulut vous faire l'honneur de sa visite, elle vint à pied. Elle se promène du matin jusqu'au soir, et laisse toutes les maladies d'indo-

* Madame Helvétius.

lence en partage à ses chevaux. Voilà comme elle conserve sa santé, même sa beauté. Mais vous, quand vous allez à Auteuil, c'est dans la voiture. Il n'y a cependant pas plus loin de Passy à Auteuil, que d'Auteuil à Passy.

FRANKLIN. Vous m'ennuyez, avec tant de raisonnemens.

LA GOUTTE. Je le crois bien. Je me tais, et je continue mon office. Tenez, cet élancement, et celui-ci.

FRANKLIN. Oh! oh! continuez de parler, je vous prie.

LA GOUTTE. Non. J'ai un nombre d'élancemens à vous donner cette nuit, et vous aurez le reste demain.

FRANKLIN. Mon dieu! la fièvre! je me perds! Eh! eh! n'y a-t-il personne qui puisse prendre cette peine pour moi?

LA GOUTTE. Demandez cela à vos chevaux; ils ont pris la peine de marcher pour vous.

FRANKLIN. Comment pouvez-vous être si cruelle, de me tourmenter tant pour rien ?

LA GOUTTE. Pas pour rien. J'ai ici une liste de tous vos péchés contre votre santé, distinctement écrite, et je peux vous rendre raison de tous les coups que je vous donne.

FRANKLIN. Lisez-la donc.

LA GOUTTE. C'est trop long à lire. Je vous en donnerai le montant.

FRANKLIN. Faites-le. Je suis tout attention.

LA GOUTTE. Souvenez-vous combien de fois vous vous êtes proposé de vous promener, le matin suivant, dans le bois de Boulogne, dans le jardin de la Muette ou dans le vôtre ; et que vous avez manqué de parole, alléguant quelquefois que le temps était trop froid, d'autres fois qu'il était trop chaud, trop venteux, trop humide ou trop quelqu'autre chose, quand, en vérité, il n'y avait rien de trop qui empêchât, excepté votre trop de paresse.

FRANKLIN. Je confesse que cela peut arriver quelquefois, peut-être pendant un an dix fois.

LA GOUTTE. Votre confession est bien imparfaite; le vrai montant est cent quatre-vingt-dix-neuf.

FRANKLIN. Est-il possible !

LA GOUTTE. Oui, c'est possible, parce que c'est un fait. Vous pouvez rester assuré de la justesse de mon compte. Vous connaissez les jardins de madame Brillon, comme ils sont bons à promener. Vous connaissez le bel escalier de cent cinquante degrés qui mène de la terrasse en haut, jusqu'à la plaine en bas. Vous avez visité deux fois par semaine, dans les après-midi, cette aimable famille; c'est une maxime de votre invention, qu'on peut avoir autant d'exercice en montant et en descendant un mille en escalier, qu'en marchant dix sur une plaine. Quelle belle occasion vous avez eue de prendre tous les deux exercices ensemble! En avez-vous profité? et combien de fois?

FRANKLIN. Je ne peux pas bien répondre à cette question.

LA GOUTTE. Je répondrai donc pour vous. Pas une fois.

FRANKLIN. Pas une fois!

LA GOUTTE. Pas une fois. Pendant tout le bel été passé, vous y êtes arrivé à six heures. Vous y avez trouvé cette charmante femme et ses beaux enfans, et ses amis, prêts à vous accompagner dans ces promenades, et à vous amuser avec leurs agréables conversations. Et qu'avez-vous fait? Vous vous êtes assis sur la terrasse, vous avez loué la belle vue, regardé la beauté des jardins en bas; mais vous n'avez pas bougé un pas pour descendre vous y promener. Au contraire, vous avez demandé du thé et l'échiquier. Et vous voilà collé à votre siège jusqu'à neuf heures, et cela après avoir joué peut-être deux heures où vous avez dîné. Alors, au lieu de retourner chez vous à pied, ce qui pourrait vous remuer un peu, vous prenez votre voiture. Quelle sottise de croire qu'avec tout ce déréglement, on peut se conserver en santé sans moi!

FRANKLIN. A cette heure je suis convaincu de la justesse de cette remarque du bonhomme Richard, que *nos dettes et nos péchés sont toujours plus qu'on ne pense.*

LA GOUTTE. C'est comme cela que vous autres philosophes avez toujours les maximes des sages dans votre bouche, pendant que votre conduite est comme celle des ignorans.

FRANKLIN. Mais faites-vous un de mes crimes, de ce que je retourne en voiture de chez madame Brillon?

LA GOUTTE. Oui, assurément; car vous,

qui avez été assis toute la journée, vous ne pouvez pas dire que vous êtes fatigué du travail du jour. Vous n'avez donc pas besoin d'être soulagé par une voiture.

FRANKLIN. Que voulez-vous donc que je fasse de ma voiture ?

LA GOUTTE. Brûlez-la, si vous voulez. Alors vous en tirerez au moins pour une fois de la chaleur. Ou, si cette proposition ne vous plaît pas, je vous en donnerai une autre. Regardez les pauvres paysans qui travaillent la terre dans les vignes et les champs autour des villages de Passy, Auteuil, Chaillot, etc. Vous pouvez tous les jours, parmi ces bonnes créatures, trouver quatre ou cinq vieilles femmes et vieux hommes, courbés et peut-être estropiés sous le poids des années et par un travail trop fort et continuel, qui, après une longue journée de fatigue, ont à marcher peut-être un ou deux milles pour trouver leurs chaumières. Ordonnez à votre cocher de les prendre et de les mener chez eux. Voilà une bonne œuvre qui fera du bien à votre âme! Et si en même temps vous retournez de votre visite chez les Brillon à pied, cela sera bon pour votre corps.

FRANKLIN. Ah! comme vous êtes ennuyeuse!

LA GOUTTE. Allons donc à notre métier; il faut vous souvenir que je suis votre médecin. Tenez.

FRANKLIN. Ohhh! quel diable de médecin!

LA GOUTTE. Vous êtes un ingrat de me dire cela. N'est-ce pas moi qui, en qualité de votre médecin, vous ai sauvé de la paralysie, de l'hydropisie et de l'apoplexie, dont l'une ou l'autre vous aurait tué il y a long-temps, si je ne les en avais empêchées.

FRANKLIN. Je le confesse, et je vous remercie pour ce qui est passé. Mais, de grâce! quittez-moi pour jamais; car il me semble qu'on aimerait mieux mourir, que d'être guéri si douloureusement. Souvenez-vous que j'ai aussi été votre ami. Je n'ai jamais loué de combattre contre vous, ni les médecins, ni les charlatans d'aucune espèce : si donc vous ne me quittez pas, vous serez aussi accusable d'ingratitude.

LA GOUTTE. Je ne pense pas que je vous doive grande obligation de cela. Je me moque des charlatans; ils peuvent vous tuer, mais ils ne peuvent pas me nuire : et quant aux vrais médecins, ils sont enfin convaincus de cette vérité, que la Goutte n'est pas une maladie, mais un véritable remède, et qu'il ne faut pas guérir un remède. Revenons à notre affaire. Tenez.

FRANKLIN. Oh ! de grâce, quittez-moi; et je vous promets fidèlement que désormais je ne jouerai plus aux échecs, que je ferai de l'exercice journellement, et que je vivrai sobrement.

LA GOUTTE. Je vous connais bien : vous

êtes un beau prometteur; mais, après quelques mois de bonne santé, vous recommencerez à aller votre ancien train. Vos belles promesses seront oubliées comme on oublie les formes des nuages de la dernière année. Allons donc, finissons notre compte; après cela, je vous quitterai. Mais soyez assuré que je vous revisiterai en temps et lieu : car c'est pour votre bien ; et je suis, vous le savez, votre *bonne amie.*

SUR LE MARIAGE. *

Mon cher John, vous désirez, dites-vous, que je vous donne avec impartialité mon opinion sur les mariages contractés de bonne heure, afin que vous puissiez répondre aux innombrables objections qui vous ont été faites par beaucoup de personnes sur le vôtre. Vous pouvez vous souvenir que, lorsque vous m'avez consulté à ce sujet, je vous ai dit que la jeunesse, de part et d'autre, ne me paraissait pas un obstacle. En effet, si j'en juge par les mariages que j'ai été à même d'observer, je suis porté à croire que ceux qui sont con-

* Lettre écrite de Londres, à John Alleyne, le 9 août 1768.

tractés dans la jeunesse offrent plus de chances de bonheur. Le caractère et les habitudes des jeunes gens n'ont pas encore atteint ce degré de roideur et d'inflexibilité qui existe dans un âge plus avancé; ils se façonnent plus aisément l'un à l'autre, et par là préviennent beaucoup d'occasions de dégoût. Si la jeunesse a moins de cette prudence nécessaire pour conduire une famille, les parens et les amis plus âgés des jeunes mariés sont, en général, tout prêts à leur offrir des avis, ce qui supplée amplement à ce qui leur manque. Par de tels mariages, les jeunes gens se forment de meilleure heure à une vie régulière et utile, et sont plus en état de prévenir les inconvéniens ou les liaisons qui auraient pu altérer leur santé, leur réputation, ou même l'une et l'autre. Il est des circonstances particulières à raison desquelles la prudence peut conseiller quelquefois de différer à entrer dans cet état; mais en général, quand la nature nous y a disposés physiquement, la présomption est en faveur de la nature, qui n'a pu se tromper en nous en donnant le désir. Les mariages tardifs ont de plus l'inconvénient de ne pas offrir aux parens la même chance de vie pour élever leurs enfans. *Les enfans venus tard*, dit le proverbe espagnol, *sont de bonne heure orphelins*. Triste sujet de réflexions pour ceux qui peuvent se trouver dans ce cas! Chez nous, en Amérique, les mariages se font ordinairement au matin de la vie; nos enfans sont élevés et établis dans le monde à notre midi; et quand nos affaires sont terminées, nous avons à nous la soirée pour jouir gaîment de notre loisir. Le ciel bénit de tels mariages en nous accordant plus d'enfans; et comme, parmi nous, l'usage des mères, conforme au vœu de la nature, est d'allaiter et de nourrir elles-mêmes leurs enfans, on en élève un plus grand nombre.

Delà, dans nos contrées, ce rapide progrès de la population qui n'a point d'égal en Europe. Enfin, je suis fort aise que vous soyez marié, et je vous en félicite cordialement. Vous êtes maintenant en position de devenir un citoyen utile, et vous avez échappé à l'état contre nature, d'un célibat perpétuel. Plusieurs hommes vivent dans cet état, sans en avoir formé le projet; ayant attendu trop long-temps à changer de condition, ils ont fini par trouver qu'il était trop tard pour y songer, et ils passent ainsi toute leur vie dans une situation qui diminue beaucoup la valeur d'un homme. Un volume dépareillé ne conserve pas une valeur proportionnée à la part qu'il forme dans l'ouvrage complet. Que peut-on faire de la moitié d'une paire de ciseaux? elle ne coupe plus; et ne servira que de râcloir.

Offrez, je vous prie, mes complimens et mes vœux à votre femme. Je les aurais autrefois présentés en personne, mais je suis vieux et pesant, et je ne ferai usage que du faible privilège d'un vieillard, celui de donner des avis à ses jeunes amis. Traitez toujours votre femme avec égards; par là vous serez toujours traité de même, non-seulement par elle, mais par tous ceux qui verront votre conduite. N'usez jamais envers elle de paroles piquantes, même en plaisantant, car le jeu de se renvoyer des sarcasmes dégénère souvent en sérieuses querelles. Soyez studieux dans votre profession, et vous serez savant; soyez laborieux et économe, et vous serez riche; soyez sobre et tempérant, et vous serez bien portant; soyez vertueux, enfin, et vous serez heureux : une telle conduite, du moins, est ce qui vous donnera les meilleures chances pour arriver à de tels résultats. Je prie Dieu de vous bénir l'un et l'autre, étant à jamais votre ami affectionné.

PARABOLE SUR L'AMOUR FRATERNEL.

En ce temps-là il n'y avait pas de forgerons par toute la terre. Et les marchands de Madian passaient avec leurs chameaux, portant des épices, de la myrrhe, du baume, et des outils de fer.

Et Ruben acheta une hache aux marchands ismaëlites; il la paya cher, car il n'y en avait pas une seule dans la maison de son père.

Et Siméon dit à Ruben, son frère : Prête-moi, je te prie, ta hache. Mais Ruben le refusa, et ne voulut pas.

Et Lévi lui dit aussi : Mon frère, prête-moi ta hache, je te prie; et Ruben le refusa de même.

Alors Juda vint trouver Ruben, et le supplia en disant : Voyons! tu m'aimes, et je t'ai toujours aimé, ne me refuse pas de me servir de ta hache.

Mais Ruben se détourna de lui, et le refusa comme les autres.

Or, il arriva que Ruben tailla du bois sur le bord de la rivière, et que sa hache tomba dans l'eau, et qu'il ne put venir à bout de la retrouver.

Mais Simon, Lévi et Juda envoyèrent un messager avec de l'argent chez les Ismaëlites, et achetèrent chacun une hache.

Alors Ruben vint à Siméon, et lui dit : Voyons! j'ai perdu ma hache, et mon ouvrage reste à moitié fait ; prête-moi la tienne, je te prie.

Et Siméon lui répondit : Tu n'as pas voulu me prêter ta hache, ainsi je ne te prêterai pas la mienne.

Alors Ruben vint trouver Lévi, et lui dit : Mon frère, tu connais la perte que j'ai faite, et mon embarras; prête-moi ta hache, je te prie.

Et Lévi lui fit des reproches en disant : Tu n'a pas voulu me prêter ta hache lorsque j'en ai eu envie; mais je veux être meilleur que toi, et je te prêterai la mienne.

Et Ruben fut blessé de la réprimande de Lévi, et, tout confus, il le quitta; et ne prit pas sa hache; mais il chercha son frère Juda.

Et lorsqu'il fut venu auprès de Juda, celui-ci vit à son air qu'il était plein de mécontentement et de honte, et le prévint en lui disant : Mon frère, je sais ce que tu as perdu; mais pourquoi te troubler? Voyons! n'ai-je pas une hache qui peut nous servir à tous les deux ? Prends-la, je te prie, et uses-en comme de la tienne.

Et Ruben se jeta à son cou, et l'embrassa en pleurant, et lui dit : Ta complaisance est grande ; ta bonté à oublier mes torts est encore plus grande ; tu es vraiment mon frère, et tu peux compter que je t'aimerai tant que je vivrai.

Et Juda lui dit : Aimons aussi nos autres frères ; ne sommes-nous donc pas tous du même sang ?

Et Joseph vit ces choses, et les rapporta à son père Jacob.

Et Jacob dit : Ruben a mal fait ; mais il s'est repenti. Siméon aussi a mal fait ; Lévi n'a pas été tout-à-fait exempt de reproches.

Mais le cœur de Juda est celui d'un prince. Juda a l'âme d'un roi. Ses enfans se prosterneront devant lui ; et il régnera sur ses frères.

LETTRE A M. BENJAMIN WEBB, EN LUI ENVOYANT DIX LOUIS.

Passy, 22 avril 1748.

Mon cher Monsieur,

J'ai reçu votre lettre du 15 courant, et le mémoire qui y était joint. Le tableau que vous me faites de votre situation m'afflige. Je vous envoie, ci-inclus, un billet de dix louis. Je ne prétends pas vous *donner* cette somme, je ne fais que vous la *prêter*. Lorsque vous retournerez dans votre patrie, avec une bonne réputation, vous ne pourrez manquer de prendre un intérêt dans quelque affaire qui vous mettra en état de payer toutes vos dettes;

dans ce cas, si vous rencontrez un honnête homme qui se trouve dans une détresse semblable à celle que vous éprouvez en ce moment, vous me payerez en lui prêtant cette somme, et vous lui enjoindrez d'acquitter sa dette par une semblable opération, dès qu'il sera en état de le faire, et qu'il en trouvera une occasion du même genre. J'espère que les dix louis passeront de la sorte par beaucoup de mains avant de tomber dans celle d'un malhonnête homme qui veuille en arrêter la marche. C'est un artifice que j'emploie pour faire beaucoup de bien, avec peu d'argent. Je ne suis pas assez riche pour en consacrer *beaucoup* à de bonnes œuvres, et je suis obligé d'user d'adresse afin de faire le plus possible avec *peu*. C'est en vous offrant tous mes vœux pour le succès de votre mémoire et pour votre prospérité future que j'ai l'honneur d'être, mon cher Monsieur, votre, etc.

IDÉES APPLICABLES DANS UNE ÉCOLE D'ORPHELINS.

Des institutions charitables, quelque bon que soit leur but originaire, quelque bonne que leur marche soit d'abord pendant plusieurs années, deviennent sujettes à se voir, au bout d'un certain laps de temps, dégénérer, mal administrer, à voir leurs fonds mal employés, ou détournés pour des destinations particulières. Ne serait-il pas bon d'obvier à ces abus par des réglemens sages sur le choix des administrateurs, et par l'établissement de la faculté d'inspection, confiée à une association permanente, telle qu'une assemblée mensuelle, ou trimestrielle ?

La dignité de l'institution ne gagnerait-elle pas à ce que toute apparence d'un bénéfice sur le travail des orphelins se trouvât écartée, et à n'attendre de fonds que des contributions de la charité? Si cette idée était adoptée, on pourrait ouvrir un compte à chaque orphelin au moment de son admission; au crédit des orphelins on porterait le montant de leurs ressources personnelles, le revenu de ces ressources, et le produit de leur travail; au débit on porterait leur entretien et leur éducation. A leur sortie, lorsque l'âge en serait venu, si la balance soldait en leur faveur, on la leur paierait; si elle était contre eux, on les exhorterait à la payer, autant qu'ils pourraient le faire, mais sans les contraindre. Ceux qui reçoivent un solde de compte, peuvent être engagés à en rendre une partie, à titre de charité, pour l'institution qui a pris soin d'eux avec tant de bonté, ou, du moins, si par la suite Dieu leur envoie de la fortune, à témoigner leur souvenir soit par des dons, pendant leur vie, soit par legs après leur mort. Les orphelins, lorsqu'ils sont sortis, peuvent recevoir, outre des vêtemens décens, et quelque argent, un certificat de bonne conduite, s'ils l'ont mérité, comme recommandation; et les administrateurs de l'institution devront toujours les considérer comme leurs enfans, les conseiller dans leurs affaires, les encourager et les pousser, les surveiller, et leur adresser des avis paternels s'ils les voient en danger de se mal conduire.

SUR LA RECONNAISSANCE. *

Les hommes n'ont que des idées imparfaites de leurs devoirs sur les bienfaits, les obligations et la reconnaissance. Il est si pénible pour la plupart d'entre eux de se sentir obligés, qu'il ne cessent de chercher des raisons et des argumens pour prouver qu'ils n'ont pas été débiteurs, ou qu'ils ont amplement satisfait à ce qu'ils devaient ; argumens par lesquels

* Extrait des notes prises par Franklin sur une conférence (en 1781) avec M. Grenville, qui cherchait à lui persuader de traiter de la paix avec l'Angleterre, sans le concours de la France, alliée de l'Amérique.

ils ne manquent pas de se laisser facilement persuader eux-mêmes. A et B sont étrangers l'un à l'autre; celui-ci est à la veille de se voir arrêté pour dettes; A lui prête l'argent nécessaire pour assurer sa liberté. B, devenu débiteur de A, s'acquitte au bout de quelque temps. Ne doit-il rien de plus? Il a sans doute acquitté la dette pécuniaire; mais la dette de reconnaissance lui reste, et le laisse encore débiteur envers A, dont la commisération l'a secouru dans un si grand besoin. Si, par la suite, B trouve à son tour A dans la situation où il était lui-même quand celui-ci lui prêta son argent, il peut alors s'acquitter, *en partie*, de la dette de reconnaissance, en lui prêtant pareille somme. Je dis *en partie*, et non *entièrement*; car lorsque A prêtait à B de l'argent, il n'avait existé aucun bienfait antérieur qui l'y engageât. C'est pourquoi je pense que si A se retrouve une seconde fois dans le même besoin, B est tenu, s'il le peut, de lui rendre encore le même service.

SUR LA MORTIFICATION DE SOI-MÊME.*

On assure communément que sans mortification de soi-même il n'y a pas de vertu, et que, plus grande est la mortification, plus la vertu est grande.

Si l'on veut dire que celui qui ne peut pas s'imposer une mortification, en se refusant une chose dont il est tenté, bien qu'il sache que cette chose doit lui tourner à mal, n'a pas la vertu de la résolution ou de la force, ce sera parler assez intelligiblement; mais la proposition, telle qu'on l'entend, paraît obscure ou erronée.

* Ce morceau est extrait de la Gazette de Pensylvanie, du 18 février 1735.

Considérons séparément quelques vertus.

Si un homme ne se sent nulle inclination à tromper personne dans ses relations, s'il n'a à triompher d'aucune tentative de ce genre, et si, en conséquence, il ne trompe pas, peut-on dire que cet homme n'est point juste? Si c'est un homme juste, n'a-t-il pas la vertu de la justice?

Si un homme ne trouve pas que de frivoles passe-temps aient en eux rien qui le tentent, et si, en conséquence, il ne se relâche en rien, pour l'amour d'eux, de son application à ses affaires, est-ce là un homme qui ne soit pas laborieux? Ou bien manque-t-il de la vertu d'amour du travail?

Je puis de même, prendre pour exemples tout le reste des vertus; mais, abrégeons la démonstration; n'est-il pas certain que plus nous luttons contre la tentation d'un vice et pratiquons la vertu contraire, plus la tentation s'affaiblit et plus la pratique acquiert de force, jusqu'à ce qu'enfin la tentation devienne insensible, ou s'évanouisse entièrement? Il faudrait conclure de là que, dans nos efforts pour surmonter le vice, nous devenons successivement de moins en moins vertueux, jusqu'à ce qu'enfin nous n'ayons plus de vertu du tout.

Si la mortification de soi-même est essentielle à la vertu, il suit delà que l'homme naturellement modéré, juste, etc. n'est pas vertueux; mais que, pour le devenir, il doit, en dépit de ses inclinations naturelles, commencer par vexer ses voisins, par manger, boire, etc., à l'excès.

Mais peut-être dira-t-on que, dans la proposition dont il s'agit, par vertu l'on entend mérite, et qu'il faut ainsi comprendre cette proposition : sans mortification de soi-même, il n'y a pas de mérite; et, plus grande est la mortification, plus le mérite est grand.

Le mot de *mortification*, ainsi employé, ne peut avoir de valeur que pour le cas où nos inclinations nous portent au vice; autrement, ce serait encore un non-sens.

Mériter, c'est valoir; dire qu'un homme a du mérite, c'est dire qu'il vaut louange ou récompense.

Nous ne pouvons prétendre à mériter de Dieu quelque chose que ce puisse être, car il est trop au-dessus de nos services; et les bienfaits qu'il répand sur nous sont les effets de sa munificence et de sa bonté.

Tout notre mérite, donc, est relatif à ce que nous valons les uns pour les autres.

Ainsi, en s'attachant à la seconde explication de la proposition :

Si un homme, dirigé par un sentiment naturel de bienveillance, me rend un service, cet homme vaudra-t-il moins pour moi que tel autre qui me rendra le même bon office, contre son inclination?

Si j'ai deux ouvriers, dont le premier soit extrêmement laborieux, et le second fainéant, mais que tous deux m'exécutent, dans leur journée, même quantité et même qualité d'ouvrage, dois-je donner au second un salaire plus fort?

Il est vrai que les ouvriers paresseux, ainsi que l'expérience le montre, sont plus extravagans dans leurs demandes que les hommes laborieux, car si, pour ce qu'ils font de travail, ils ne sont pas plus payés, ils ne peuvent pas vivre aussi bien ; toutefois, malgré la vérité du proverbe, que *les paresseux ont le plus de peine,* s'ensuit-il delà qu'ils méritent plus d'argent ?

Si vous avez à employer des serviteurs dans des affaires de confiance, ne préférerez-vous pas donner vos ordres à celui que vous connaîtrez pour être naturellement honnête, plutôt qu'à un autre, de méchant naturel, qui se sera comporté récemment avec honnêteté? car des cours d'eau dont on a fermé le canal naturel, peuvent, jusqu'à ce que leur nouveau lit se soit suffisamment creusé, et que le temps l'ait rendu naturel à son tour, emporter leurs bords. Si, de ces deux serviteurs, le premier vaut mieux que l'autre, n'a-t-il pas plus de mérite aussi? Et cependant il n'a pas, au même degré que l'autre, à mortifier ses penchans.

Un patriote n'est-il plus digne de louange, si son patriotisme lui est naturel?

Un cheval de pas a-t-il moins de valeur, parce qu'il est dans sa nature d'aller le pas?

De même, suivant moi, un homme n'en aura pas moins de mérite, parce qu'en général les sentimens vertueux seront naturels en lui.

La vérité est que la tempérance, la

justice, la charité, etc., sont des vertus, soit que nous obéissions, soit que nous résistions à nos penchans en les pratiquant ; et l'homme qui les pratique mérite notre amour et notre estime. La mortification de soi-même n'est ni bonne ni mauvaise que suivant les applications qu'on en fait. Celui qui mortifie une inclination vicieuse, est vertueux en proportion de sa force de résolution; mais la perfection de la vertu est au-dessus de toute tentation, comme la vertu des saints dans le ciel; et celui qui commet une folie, une indécence, une impiété, seulement pour contrarier son inclination (comme je l'ai lu de quelques enthousiastes qui couraient tous nus, pour porter leur croix), celui-là ne pratique pas la science raisonnable de la vertu ; c'est un lunatique.

SUR LA VÉRITABLE PIÉTÉ *.

Si j'ai eu le bonheur de vous être utile, la seule reconnaissance que je désire, c'est que vous-même, à votre tour, soyez prêt à servir quiconque pourrait avoir besoin de votre assistance, afin qu'il s'établisse ainsi une réciprocité de bons offices; car le genre humain ne forme qu'une même famille.

Pour moi, quand je rends service, je ne

---

* Extrait d'une lettre écrite de Philadelphie, le 6 juin 1735, à Georges Whitefield, l'un des fondateurs de la secte religieuse des *méthodistes*. Franklin l'avait guéri d'une paralysie, par le moyen de l'électricité.

crois pas accorder une faveur, mais je pense acquitter une dette. Dans le cours de mes voyages, et depuis que je me suis fixé, j'ai obtenu beaucoup de témoignages de bonté de personnes que je n'aurai jamais l'occasion de payer du moindre retour; et j'ai reçu d'innombrables faveurs de Dieu, qui est infiniment trop élevé pour être l'objet de nos services. Ces bons procédés des hommes, je ne peux que les reporter sur eux tous; et, quant aux bontés de Dieu, je ne puis lui en témoigner ma gratitude que par mon empressement à secourir ses autres enfans, qui sont mes frères : car je ne pense pas que des actions de grâces, et des louanges, quoique répétées chaque semaine, puissent acquitter nos obligations réelles envers nos semblables, et, encore moins, ce que nous devons à notre Créateur. Vous verrez, par cette idée que j'ai des bonnes œuvres, que je suis loin de penser que je mérite le ciel par les miennes. Par le ciel, nous entendons un état de félicité, infini en valeur, éternel en durée; je ne puis rien faire qui me rende digne d'une telle récompense. Celui qui, pour avoir donné un verre d'eau à une personne altérée, attendrait une bonne terre en paiement, serait modeste dans sa demande, en comparaison de ceux qui croiraient avoir mérité le ciel pour le peu de bien qu'ils auront fait sur la terre. Les plaisirs, même imparfaits, dont nous jouissons dans ce monde, sont l'effet de la bonté de Dieu plutôt que de nos propres mérites: combien cela est plus vrai encore appliqué au bonheur céleste ! Quant à moi, je n'ai ni la vanité de penser que j'en suis digne, ni la folie de l'espérer, ni l'ambition de le désirer; mais, content de me soumettre à la volonté et de me remettre à la disposition de ce Dieu qui m'a créé, et qui jusqu'ici m'a protégé et m'a béni, je me confie en sa bonté paternelle, et j'espère qu'elle ne voudra jamais me rendre misérable, et que les afflictions mêmes que je pourrai par fois éprouver tourneront à mon avantage.

La foi religieuse est certainement très utile. Je ne désire pas la voir diminuer, et je ne chercherai à l'affaiblir dans qui que ce soit. Mais je souhaite qu'elle produise plus de bonnes œuvres que je n'en ai vu d'elle généralement : j'entends de véritables bonnes œuvres : des œuvres de bonté, de charité, de pitié, d'esprit public, et non celles qui consistent à observer strictement les jours de fêtes, à lire ou écouter des sermons, à suivre les cérémonies de l'église, à réciter de longues prières remplies de flatteries et de louanges que les hommes sages méprisent, et qui sont bien moins faites encore pour plaire à la Divinité. Adorer Dieu est un devoir; il peut être utile d'écouter et de lire des sermons; mais se borner à écouter et à prier, comme le font trop de gens, c'est ressembler à un arbre qui se croirait de la valeur, parce qu'il serait arrosé, et qu'il pousserait des feuilles, sans jamais porter aucun fruit.

Votre sublime maître attachait moins de prix à ces apparences et démonstrations extérieures que beaucoup de ses disciples modernes. Il préférait celui qui mettait la parole en pratique à celui qui se bornait à l'écouter; le fils qui semblait refuser d'obéir à son père, et qui pourtant exécutait ses ordres, à celui qui déployait de l'empressement à les recevoir, et qui les négligeait; l'hérétique, mais charitable Samaritain, au prêtre sans charité quoique orthodoxe, et au lévite sacré; il déclare que ceux qui ont donné à manger à celui qui avait faim, à boire à celui qui avait soif, des vêtemens à celui qui était nu, des secours à l'étranger, et des soulagemens au malade, quoiqu'ils leur fussent inconnus, seraient reçus au dernier jour; tandis que ceux qui crient : Seigneur! Seigneur! et qui se mesurent eux-mêmes sur leur foi, fût-elle assez forte pour faire des miracles, s'ils ont négligé les bonnes œuvres, seront rejetés. Il disait qu'il ne venait point pour appeler les justes, mais pour inviter les pécheurs au repentir; d'où l'on peut conclure qu'il supposait modestement que certains hommes se croyaient assez parfaits pour n'avoir pas besoin de ses avis. Mais, aujourd'hui, nous avons à peine un petit ministre qui ne regarde tout individu comme soumis de droit à sa petite domination, et toute transgression sur ce point comme une injure envers la Divinité. Je leur souhaite plus d'humilité, et à vous santé et bonheur.

PARABOLE CONTRE L'INTOLÉRANCE.

1. Et après ces choses, il arriva qu'Abraham s'assit à l'entrée de sa tente, vers l'heure du coucher du soleil.

2. Et il vit un homme, courbé par l'âge, arriver par le chemin du désert, appuyé sur un bâton.

3. Et Abraham se leva, et vint à sa rencontre, et lui dit : Entrez, je vous prie, et lavez vos pieds, et reposez-vous toute la nuit, et vous vous leverez de bonne heure demain, et vous continuerez votre route.

4. Mais l'homme répondit : non, car je me reposerai sous cet arbre.

5. Et Abraham le pressa avec instance ;

alors il vint; et ils entrèrent dans la tente, et Abraham fit du pain sans levain, et ils mangèrent.

6. Et lorsqu'Abraham vit que l'homme ne priait pas Dieu, il lui dit : Pourquoi n'adorez-vous pas le Dieu très haut, créateur du ciel et de la terre?

7. Et l'homme répondit et dit : Je n'adore pas le Dieu dont vous parlez et je n'invoque pas son nom; car je me suis fait un Dieu qui habite toujours dans ma maison, et qui pourvoit à tous mes besoins.

8. Et le zèle d'Abraham s'échauffa contre cet homme, et il se leva; et le chargeant de coups, il le chassa vers le désert.

9. Et au milieu de la nuit, Dieu appela Abraham, disant : Abraham, où est l'étranger?

10. Et Abraham répondit, et dit : Seigneur, il ne voulait pas t'adorer, ni invoquer ton nom; c'est pourquoi je l'ai chassé de devant ma face et rejeté dans le désert.

11. Et Dieu dit: Ne l'ai-je pas supporté cent quatre-vingt dix-huit ans, et vêtu, malgré sa rebellion contre moi; et ne peux-tu pas, toi aussi, qui es pécheur, le supporter une nuit?

12. Et Abraham dit : Que la colère du Seigneur ne s'enflamme pas contre son serviteur; oui, j'ai péché, pardonne-moi; je t'en supplie.

13. Et Abraham se leva, et alla dans le désert, et chercha l'homme avec empressement, et le trouva, et retourna avec lui dans la tente, et après l'avoir traité avec bonté, il le renvoya le lendemain avec des présens.

14. Et Dieu parla de nouveau à Abraham, disant: En punition de ta faute, ta postérité sera affligée pendant quatre cents ans sur une terre étrangère.

15. Mais à cause de ton repentir, je la délivrerai, et elle s'élevera dans la puissance, dans le contentement de cœur, et dans les biens de toute espèce.

SUR LA MISÉRICORDE DE DIEU.[*]

Vous m'apprenez que notre ami Benjamin Kent nous a quittés ; j'espère que c'est pour la région des bienheureux, ou du moins pour quelque lieu ou les âmes sont préparées à se séjour ! Je fonde mon espérance sur ce que, sans être aussi orthodoxe que vous et moi, il était honnête homme, et avait des vertus. S'il a eu quelque hypocrisie, elle était en sens inverse de celle de tant d'autres; c'était l'hypocrisie d'un homme qui n'est pas si méchant qu'il le

[*] Extrait d'une lettre de Philadelphie à miss Partridge, le 26 novembre 1788.

paraît. Et quant au bonheur de l'autre vie, je ne saurais m'empêcher d'imaginer que toute cette multitude d'orthodoxes zélés de différentes sectes, qui, au dernier jour, accourront pour se voir damnés les uns les autres, seront désappointés, et obligés de se contenter de leur propre salut.

LA PORTE DU PARADIS. *

Il y avait un officier, homme de bien, appelé Montrésor, qui était très malade. Son curé, croyant qu'il allait mourir, lui conseilla de faire sa paix avec Dieu, afin d'être reçu en paradis. Je n'ai pas beaucoup d'inquiétude à ce sujet, dit Montrésor; car j'ai eu, la nuit dernière, une vision qui m'a tout-à-fait tranquillisé. Quelle vision avez-vous eue, dit le bon prêtre ? J'étais, dit-il, à la porte du paradis, avec une foule de gens qui voulaient entrer; et saint Pierre demandait à chacun de quelle

* Ce conte a été écrit en français par l'auteur.

religion il était. L'un répondit : Je suis catholique romain; eh bien! dit saint Pierre, entrez, et prenez votre place là, parmi les Catholiques. Un autre dit qu'il était de l'église anglicane : eh bien! dit saint Pierre, entrez, et placez-vous là parmi les Anglicans. Un autre dit qu'il était Quaker : entrez, dit saint Pierre, et prenez place parmi les Quakers. Enfin, il me demanda de quelle religion j'étais. Hélas! répondis-je, malheureusement le pauvre Jacques Montrésor n'en a point. C'est dommage, dit le saint, je ne sais où vous placer; mais entrez toujours, vous vous mettrez où vous pourrez.

LETTRE A L'AUTEUR D'UN OUVRAGE CONTRE LA PROVIDENCE.

J'ai lu votre manuscrit avec quelque attention. Par l'argument qu'il contient contre une providence particulière, tout en admettant une providence générale, vous sapez les fondemens de toute religion. En effet, si l'on ne croit pas en une providence qui connaisse, protège, guide, et puisse favoriser les individus, il n'y a plus de motif pour adorer une Divinité, pour craindre son mécontentement, pour implorer sa protection. Je n'entrerai dans aucune discussion sur vos principes, quoique vous paraissiez le désirer. Je me contenterai, pour le moment, de vous dire qu'à mon avis, bien que vos raisonnemens soient subtils, et de nature à persuader quelques lecteurs, vous ne réussirez pas à changer, sur ce sujet, l'opinion du genre humain; j'ajouterai que la publication d'un tel écrit n'aurait d'autres conséquences que de jeter beaucoup d'odieux sur vous, et de vous nuire sans profit pour personne. Celui qui crache contre le vent se crache à la figure. Mais supposez même que vous réussissiez, quel bien penserez-vous avoir fait? Vous trouvez, pour votre compte, facile de mener une vie vertueuse, sans le secours de la religion, parce que vous êtes intimement convaincu des avantages de la vertu, des résultats pernicieux du vice; parce que vous possédez une force de résolution qui vous met en état de résister aux tentations du commun des hommes. A la bonne heure! Mais songez quelle portion considérable de l'espèce humaine se compose d'hommes et de femmes ignorans et faibles, d'une jeunesse des deux sexes inconsidérée et sans expérience; tous ont besoin du secours de la religion pour se fortifier contre le vice, pour s'affermir dans la vertu, et pour se maintenir dans sa pratique, jusqu'à ce qu'elle devienne *une habitude*, ce qui est le grand point pour la rendre durable. Vous-même, peut-être, n'êtes-vous redevable qu'à votre éducation religieuse de cette habitude de vertu dont vous vous prévalez maintenant à bon droit. Vous pourrez facilement déployer votre beau talent de raisonnement sur une matière moins hasardeuse, et, par là, vous placer au rang de nos auteurs les plus distingués. Il n'est pas, chez nous, nécessaire, comme les chez Hottentots, qu'un adolescent, pour être admis dans la société des hommes, prouve sa virilité en battant sa mère. Croyez-moi; ne déchaînez-pas le tigre; brûlez votre écrit, avant qu'il ne soit vu par d'autres personnes, car il ne vous ferait que des ennemis; par là vous vous épargnerez de grandes mortifications, et peut-être aussi beaucoup de regrets et de repentirs. Si les hommes sont si méchans *avec la religion*, que seraient-ils *sans elle ?* J'espère que vous regarderez cette lettre comme une *preuve* de mon amitié ; c'est pourquoi je n'y ajouterai aucune *protestation*, et je me dirai simplement, tout à vous.

LES ÉPHÉMÈRES.*

Vous pouvez, ma chère amie, vous rappeler que, lorsque nous passâmes dernièrement cette heureuse journée dans les jardins délicieux et la douce société du Moulin-Joli, je m'arrêtai dans une des promenades que nous fîmes, et que je me dérobai pendant quelque temps à la compagnie.

On nous avait montré un nombre infini de cadavres d'un petite espèce de mouche que l'on nomme éphémère, dont on nous dit que toutes les générations successives étaient nées et mortes dans le même jour.

* Lettre à madame Brillon, écrite en français par Franklin, à Passy, au mois d'août 1778.

LES ÉPHÉMÈRES.

Il m'arriva d'en remarquer sur une feuille une compagnie vivante qui faisait la conversation.

Vous savez que j'entends tous les langages des espèces inférieures à la nôtre : ma trop grande application à leur étude est la meilleure excuse que je puisse donner du peu de progrès que j'ai fait dans votre langue charmante. La curiosité me fit écouter les propos de ces petites créatures; mais la vivacité propre à leur nation les faisant parler trois ou quatre à-la-fois, je ne pus tirer presque rien de leurs discours. Je compris cependant, par quelques expressions interrompues que je saisissais de temps en temps, qu'ils disputaient avec chaleur sur le mérite de deux musiciens étrangers, l'un un cousin et l'autre un bourdon. Ils passaient leur temps dans ces débats, avec l'air de songer aussi peu à la brièveté de la vie que s'ils avaient été assurés de vivre encore tout un mois. Heureux peuple, me dis-je, vous vivez certainement sous un gouvernement sage, équitable et modéré, puisqu'aucun grief public n'excite vos plaintes, et que vous n'avez de sujet de contestations que la perfection ou l'imperfection d'une musique étrangère !

Je les quittai pour me tourner vers un vieillard à cheveux blancs, qui, seul sur une autre feuille, se parlait à lui-même. Son soliloque m'amusa ; je l'ai écrit dans l'espérance qu'il amusera de même celle à qui je dois le plus sensible des plaisirs, celui des charmes de sa société et de l'harmonie céleste des sons qui naissent sous sa main.

« C'était, disait-il, l'opinion des savans
« philosophes de notre race qui ont vécu
« et fleuri long-temps avant le présent âge,
« que ce vaste monde * ne pourrait pas
« lui-même subsister plus de dix-huit
« heures ; et je pense que cette opinion

* Le Moulin-Joli.

LES ÉPHÉMÈRES.

« n'était pas sans fondement, puisque, par
« le mouvement apparent du grand lumi-
« naire qui donne la vie à toute la nature,
« et qui de mon temps a d'une manière
« sensible considérablement décliné vers
« l'Océan* qui borne cette terre, il faut
« qu'il termine son cours à cette époque,
« s'éteigne dans les eaux qui nous envi-
« ronnent, et livre le monde à des glaces
« et des ténèbres qui amèneront nécessai-
« rement une mort et une destruction uni-
« verselles. J'ai vécu sept heures dans ces
« dix-huit ; c'est un grand âge ; ce n'est
« pas moins de quatre cent vingt minutes ;
« combien peu entre nous parviennent
« aussi loin? J'ai vu des générations naî-
« tre, fleurir et disparaître. Mes amis pré-
« sens sont les enfans et les petits-enfans
« des amis de ma jeunesse, qui, hélas! ne
« sont plus; et je dois bientôt les suivre :

* La rivière de la Seine.

« car, par le cours ordinaire de la nature,
« je ne puis m'attendre, quoiqu'en bonne
« santé, à vivre encore plus de sept à huit
« minutes. Que me servent à présent tous
« mes travaux, toutes mes fatigues pour
« faire sur cette feuille une provision de
« miellée que pendant tout le reste de ma
« vie je ne pourrai consommer? Que me
« servent les débats politiques dans les-
« quels je me suis engagé pour l'avantage
« de mes compatriotes, habitans de ce
« buisson? Que me servent mes recherches
« philosophiques consacrées au bien de
« notre espèce en général? En politique,
« que peuvent les lois sans les mœurs? *
« Le cours des minutes rendra la généra-
« tion présente des éphémères aussi cor-
« rompue que celle des autres buissons
« plus anciens, et par conséquent aussi
« malheureuse; et, en philosophie, que

* *Quid leges sine moribus?* Hor., Od. 24, l. 3, v. 35.

« nos progrès sont lents! Hélas! l'art est
« long, et la vie est courte*. Mes amis
« voudraient me consoler par l'idée d'un
« nom qu'ils disent que je laisserai après
« moi. Ils disent que j'ai assez vécu pour
« ma gloire et pour la nature ; mais que
« sert la renommée pour un éphémère qui
« n'existe plus ? et l'histoire, que deviendra-t-elle, lorsqu'à la dix-huitième
« heure, le monde lui-même, le Moulin-Joli tout entier, sera arrivé à sa fin pour
« n'être plus qu'un amas de ruines.

« Pour moi, après tant de recherches
« actives, il ne me reste de bien réel que
« la satisfaction d'avoir passé ma vie dans
« l'intention d'être utile, la conversation
« aimable d'un petit nombre de bonnes
« dames éphémères, et de temps en temps
« le doux sourire et quelques accords de
« la toujours aimable *Brillante.* »

* *Ars longa, vita brevis, tempus præceps.*
Hippocr., aphor. I 1.

SUR LA MORT ET SUR LA VIE FUTURE.

* Je joins ma douleur à la vôtre. Nous avons perdu un parent bien estimable, un ami bien cher. Mais c'est la volonté de Dieu que ces corps mortels soient laissés, lorsque l'âme va entrer dans la véritable vie. Notre condition sur la terre est comme l'état d'embryon, comme une préparation à vivre ; et la naissance de l'homme n'est complète qu'à l'instant de la mort **. Pourquoi donc gémir qu'il naisse parmi les

---

* Lettre écrite de Philadelphie, le 23 février 1756, à l'occasion de la mort de son frère John Franklin, et adressée à miss Hubbard qui avait épousé le fils du défunt.

** *Voyez*, pour le développement de cette pensée, le *Phédon* de *Platon*. L'analyse sui-

immortels un être de plus, et qu'un nouveau membre soit admis dans leur société bienheureuse?

Nous sommes des esprits. Que des corps nous soient prêtés tant qu'ils peuvent nous procurer du plaisir, nous aider à développer notre intelligence ou à faire du bien aux compagnons de notre voyage sur la terre, c'est un acte de la bonté et de la bienveillance de Dieu. Quand ils deviennent inutiles pour nous rendre ces services,

vante, extraite du bel argument du *Phédon*, par M. *Cousin*, dans son excellente et utile *Traduction de Platon*, pourra donner une idée de la manière dont cette pensée est exposée dans ce dialogue sublime.

« D'où viennent tous les maux de cette vie? Précisément du rapport de l'âme avec le corps, rapport qui entraîne inévitablement avec lui la contradiction, l'erreur, le vice, la misère. La fonction de la philosophie est de chercher à tarir, autant qu'il est en elle, cette source fatale, d'élever peu-à-peu la nature humaine à la vérité, à

quand, au lieu du plaisir, ils nous apportent la peine, quand, au lieu de nous servir d'aides, ils sont un fardeau et ne répondent plus aux vues dans lesquelles ils nous ont été donnés, c'est encore la bienveillance et la bonté divines qui ont pourvu au moyen de nous en délivrer. Ce moyen c'est la mort. Nous-mêmes, en certains cas, nous mettons notre prudence à choisir une mort partielle. Si un membre estropié et incurable cause des douleurs aiguës, on le coupe ; si une dent fait mal, on l'arrache

la vertu, à la paix, à l'unité, par la liberté, en lui enseignant à s'affranchir des besoins du corps. Or, cet affranchissement porté à un certain degré, c'est la mort, la mort n'étant que la séparation du corps et de l'âme. Le philosophe opère en lui la mort dans le triomphe de la liberté sur les sens, et c'est précisément quand il meurt ainsi qu'il est plus en possession de la vie; et le phénomène de la mort sensible, loin d'être un obstacle, est un pas à l'indépendance et à l'immortalité de l'âme. »

pour arracher le mal avec elle. Quant à celui qui est séparé de son corps, tout entier, il se trouve affranchi, tout d'un temps, et de la souffrance, et de la possibilité même de souffrir.

Notre ami, et nous, sommes invités hors d'ici à une partie de plaisir qui doit durer toujours. Sa chaise a été prête la première et il est parti avant nous. Nous n'aurions pas pu commodément partir tous ensemble. Pourquoi, vous et moi, nous désolerions-nous de son départ, puisque nous devons bientôt le suivre, et que nous savons où le trouver ? Adieu.

---

* Je crois que l'auteur de l'épitaphe que vous m'envoyez s'est quelque peu mépris, lorsqu'il déclare ne s'être jamais inquiété de ce que le monde dit et dira de celui

* Extrait d'une lettre écrite de Passy, le 23 mai 1785, à Georges Wheatley.

qui est dans la tombe. Il est si naturel de désirer qu'on parle bien de nous, pendant notre vie et après notre mort, que je m'imagine qu'il ne pouvait pas être entièrement exempt de ce désir, et qu'il avait du moins l'envie de passer pour un bel esprit; sans quoi il ne se serait pas donné la peine de faire une aussi bonne épitaphe pour la laisser après lui. N'eût-il pas aussi bien fait de travailler à ce que le monde pût dire qu'il était un brave et honnête homme? Je préfère le sentiment qui termine la vieille chanson appelé *Le souhait du Vieillard*, lorsque, après avoir fait des vœux pour avoir, dans une ville de province, une maison bien chaude, un cheval sage, quelques bons livres, une société spirituelle et gaie, un pudding tous les dimanches, accompagné de bonne bière et d'une bouteille de Bourgogne, etc. etc.; le tout dans des stances séparées, finissant chacune par ce refrain :

« Puissé-je régner sur mes passions en
« maître absolu, devenir plus sage et
« meilleur, et marcher doucement vers
« ma fin, sans la goutte ni la pierre ! »

il ajoute :

« Puissé-je envisager mon dernier jour
« avec un courage inflexible! et quand je
« ne serai plus, puissent les braves gens
« dire de moi : Il est mort; le matin à
« jeun, et gris le soir, il n'a pas laissé après
« lui son pareil, car il régnait sur ses pas-
« sions en maître absolu, etc. ! »

Mais à quoi bon nos souhaits? Après tout, les choses arrivent comme elles doivent arriver. J'ai chanté mille fois cette *chanson de souhaits* dans ma jeunesse, et maintenant, à quatre-vingts ans, j'éprouve ces trois maux, étant attaqué de la goutte, de la pierre, et n'étant pas encore maître de toutes mes passions. Une jeune fille de mon pays, un peu fière, avait souhaité et résolu de n'épouser jamais ni un ministre, ni un presbytérien, ni un Irlandais, et elle finit par épouser un ministre irlandais presbytérien. Vous voyez que j'ai quelques raisons de souhaiter d'être, dans un autre monde, je ne dis pas aussi bien, mais un peu mieux que je n'ai été dans celui-ci; et je l'espère; car moi aussi, avec votre poëte, *j'ai confiance en Dieu.* Quand j'observe qu'il y a autant d'économie que de sagesse dans ses œuvres; que l'économie de travail et de matière est démontrée par les modes admirables et diversifiés de propagation par lesquels il a pourvu à ce que le monde se repeuplât de plantes et d'animaux, sans l'embarras de nouvelles créations; démontrée par la réduction naturelle des substances composées à leurs élémens primitifs, susceptibles de reparaître sous de nouvelles combinaisons et prévenant ainsi la nécessité de recréer de la matière nouvelle, puisque la terre, l'eau, l'air et peut-être le feu, qui, combinés ensemble, forment du bois, redeviennent de nouveau, quand celui-ci est dissous, air, terre, feu et eau; quand j'observe tous ces faits, je dis que, si rien n'est détruit, et s'il n'y a pas même une goutte d'eau perdue, je ne puis craindre l'anéantissement des âmes, ni croire que Dieu permette la perte journalière de millions d'intelligences existantes, pour avoir à en créer continuellement de nouvelles. Ainsi, comme j'existe dans ce monde, je crois que j'existerai toujours sous une forme, ou sous une autre; et malgré tous les inconvéniens auxquels la vie humaine est assujettie, je n'ai rien à objecter à ce qu'il soit fait une nouvelle édition de la mienne, espérant toutefois que l'on y corrigera les *errata* de la première.

FIN DU PREMIER VOLUME.

TABLE DES MATIÈRES

CONTENUES DANS LE PREMIER VOLUME.

	Pages
Préface.	1
Notice sur Franklin.	1
Plan d'amélioration morale.	61
Algèbre morale.	95
La Perte de la vie.	98
Des changemens de positions.	105
Avis nécessaires à ceux qui veulent être riches.	108
Avis à un jeune ouvrier.	111
Moyens d'avoir toujours de l'argent dans sa poche.	117
Avertissement de la Science du bonhomme Richard.	120
La Science du bonhomme Richard, ou le Chemin de la fortune.	124
Le Sifflet.	151
Pétition de la Main gauche aux per-	

TABLE DES MATIÈRES.

Pages

sonnes qui ont la surintendance de l'éducation. 157
Découverte économique. 160
L'Art d'avoir des songes agréables. . 172
Dialogue entre la Goutte et Franklin. 180
Sur le Mariage. 197
Parabole sur l'Amour fraternel. . . 202
Lettre à M. Benjamin Webb, en lui envoyant dix Louis. 206
Idées applicables dans une École d'orphelins. 208
Sur la Reconnaissance. 211
Sur la Mortification de soi-même. . 214
Sur la véritable Piété. 221
Parabole contre l'Intolérance. . . . 227
Sur la Miséricorde de Dieu. . . . 230
La Porte du Paradis. 232
Lettre à l'auteur d'un ouvrage contre la Providence. 234
Les Éphémères. 238
Sur la Mort et sur la Vie future. . . 244

MÉLANGES

DE MORALE,

D'ÉCONOMIE ET DE POLITIQUE.

TOME II.

IMPRIMÉ CHEZ PAUL RENOUARD,
RUE GARANCIÈRE, N° 5.

MÉLANGES
DE MORALE,

D'ÉCONOMIE ET DE POLITIQUE,

EXTRAITS DES OUVRAGES

DE BENJAMIN FRANKLIN,

ET PRÉCÉDÉS D'UNE NOTICE SUR SA VIE,

PAR A.-CH. RENOUARD, AVOCAT.

SECONDE ÉDITION, REVUE ET AUGMENTÉE.

TOME SECOND.

A PARIS,

CHEZ JULES RENOUARD, LIBRAIRE,

RUE DE TOURNON, N° 6.

1826.

MÉLANGES

DE MORALE,

D'ÉCONOMIE ET DE POLITIQUE,

EXTRAITS DES OUVRAGES

DE BENJAMIN FRANKLIN.

OBSERVATIONS SUR LES SAUVAGES DE L'AMÉRIQUE DU NORD.

1784.

Ces peuples reçoivent de nous le nom de sauvages, parce que leurs mœurs diffèrent des nôtres, que nous croyons la perfection de la politesse : ils ont la même opinion des leurs.

Peut-être que, si l'on examinait avec impartialité les mœurs de toutes les nations de la terre, on trouverait qu'il n'y a point de peuple si grossier qui n'ait quelques règles de politesse, et point de peuple si poli qui ne conserve quelque reste de barbarie.

Les Indiens, quand ils sont jeunes, sont chasseurs et guerriers; devenus vieux ils remplissent l'office de conseiller, car tout est réglé par le conseil et l'avis des sages : c'est là tout le gouvernement; point de force coërcitive, point de prisons, point d'hommes chargés de contraindre les autres à obéir ou d'infliger des châtimens. Delà vient que, généralement, ils s'exercent a l'art de la parole ; le meilleur orateur ayant le plus d'influence.

Les femmes cultivent la terre, préparent les alimens, nourrissent et élèvent leurs enfans, conservent et font passer à la postérité la mémoire des évènemens publics. Ces différens emplois des deux sexes sont regardés comme naturels et honorables. Ayant peu de besoins factices, ils ont beaucoup de temps pour s'instruire par la conversation. Notre manière de vivre, laborieuse et toujours occupée, est à leurs yeux basse et servile, et les connaissances dont nous sommes si fiers leur paraissent inutiles et frivoles. On en vit une preuve lors du traité de Lancastre en Pensylvanie, conclu, en 1744, entre le gouvernement de Virginie et les Six Nations. Quand on fut convenu des principaux articles, les commissaires de Virginie informèrent les Indiens qu'il y avait un collége à Williamsburg, avec un fonds pour l'éducation de la jeunesse; et que, si les chefs des Six Nations voulaient y envoyer une demi-douzaine de leurs enfans, le gouvernement pourvoirait à ce qu'ils fussent bien soignés, et instruits dans toutes les sciences des blancs. C'est une des règles de la politesse sauvage, de ne pas répondre à une proposition sur les affaires publiques, le même jour qu'elle a été faite : « Ce serait, disent-

« ils, traiter légèrement et manquer d'é-
« gards ; au lieu qu'en prenant du temps
« pour examiner ce qu'on propose, nous
« prouvons par là l'importance que nous
« voulons y mettre ». Ils remirent donc
leur réponse au lendemain. Alors l'orateur
commença par exprimer toute la reconnaissance qu'ils avaient de l'offre généreuse
des Virginiens : « Car nous savons, dit-il,
« que vous faites beaucoup de cas de tout
« ce qu'on enseigne dans ces collèges, et que
« l'entretien de nos jeunes gens serait
« pour vous un objet de grande dépense.
« Nous sommes donc convaincus que,
« dans votre proposition, vous avez l'inten-
« tion de nous faire du bien, et nous vous
« en remercions de bon cœur. Mais vous
« qui êtes sages, vous devez savoir que
« toutes les nations n'ont pas les mêmes
« idées sur les mêmes choses, et vous ne
« devez pas trouver mauvais que notre
« manière de penser sur cette espèce d'é-

« ducation, ne s'accorde pas avec la vôtre.
« Nous avons, à cet égard, quelque expé-
« rience. Plusieurs de nos jeunes gens ont
« été autrefois élevés dans les collèges des
« provinces septentrionales, et ont été ins-
« truits dans toutes vos sciences ; mais, lors-
« qu'ils sont revenus parmi nous, ils étaient
« mauvais coureurs ; ils ignoraient la ma-
« nière de vivre dans les bois ; étaient inca-
« pables de supporter le froid et la faim ;
« ne savaient ni bâtir une cabane, ni
« prendre un daim, ni tuer un ennemi ;
« ils parlaient fort mal notre langue ; en
« sorte que, ne pouvant nous servir ni
« comme guerriers, ni comme chasseurs,
« ni comme conseillers, ils n'étaient ab-
« solument bons à rien. Nous n'en som-
« mes pas moins sensibles à votre offre
« gracieuse, quoique nous ne l'acceptions
« pas ; et pour vous prouver combien
« nous en sommes reconnaissans, si les
« habitans de la Virginie veulent nous en-

« voyer une douzaine de leurs enfans, « nous ne négligerons rien pour les bien « élever, pour leur apprendre tout ce « que nous savons, et *pour en faire des* « *hommes.* »

Comme ils ont de fréquentes occasions de tenir des conseils publics, ils se sont accoutumés à y observer beaucoup d'ordre et de décence. Les vieillards sont assis au premier rang, les guerriers au second, puis les femmes et les enfans au dernier. L'office des femmes est de prendre une connaissance exacte de ce qui se passe; de le bien graver dans leur mémoire, parce qu'ils n'ont point l'usage de l'écriture; et de le communiquer à leurs enfans. Elles sont les registres vivans des conseils, et conservent la tradition des articles de traités conclus cent ans auparavant ; lorsque nous consultons nos papiers, leur mémoire se trouve toujours d'accord avec nos écrits.

Celui qui veut parler se lève: les autres gardent un profond silence. Lorsqu'il a fini et qu'il se rassied, ils le laissent encore se recueillir pendant cinq à six minutes, afin que, dans le cas où il aurait omis quelque chose de ce qu'il avait intention de dire, ou voudrait ajouter à ce qu'il a dit, il puisse se lever et reprendre la parole. Interrompre quelqu'un, même dans la conversation ordinaire, est regardé comme le comble de l'indécence. Combien ces manières sont différentes de celles d'une chambre, toute polie, des communes d'Angleterre, où il se passe à peine un jour sans quelque tumulte qui oblige l'Orateur à s'enrouer à force de crier: *A l'ordre!* Combien elles ressemblent peu à ces conversations des salons d'Europe, si polis, où, si vous ne vous hâtez pas de débiter rapidement votre phrase, vous vous trouvez coupé au beau milieu, par l'impatient babil de ceux avec qui vous conversez, sans que vous puissiez jamais espérer de la finir !

Il est vrai que la politesse de ces Sauvages dans la conversation est portée jusqu'à l'excès, puisqu'elle ne leur permet pas de contredire ce que l'on avance devant eux. C'est certainement là un moyen d'éviter les querelles ; mais aussi il devient difficile de connaître ce qu'ils pensent, et de savoir quelle impression on fait sur eux. Les missionnaires qui ont essayé de les convertir au christianisme, se plaignent tous de cette déférence extrême, comme de l'un des plus grands obstacles au succès des missions. Les Indiens écoutent la prédication le plus patiemment du monde, et donnent même les signes d'approbation en usage chez eux. Vous croyez qu'ils sont convaincus ? point du tout : c'est pure civilité.

Un missionnaire suédois ayant assemblé les chefs de la tribu de Susquehannah, leur fit un sermon où il développait les principaux faits historiques sur lesquels notre religion est fondée, tels que la chute de nos premiers parens, quand ils mangèrent la pomme; la venue du Christ pour réparer le mal; ses miracles et sa passion, etc. Quand il eut fini, un orateur indien se leva pour le remercier en ces termes : « Tout « ce que vous venez de nous dire est fort « bon. C'est mal de manger des pommes. « Il vaut mieux en faire du cidre. Nous vous « sommes infiniment obligés de la bonté « qui vous porte à venir de si loin pour nous « dire ces choses que vous avez apprises « de vos mères : en revanche, je vous dirai « quelques-unes des choses que les nôtres « nous ont enseignées. Au commencement, « nos pères ne se nourrissaient que de la « chair des animaux; et quand leur chasse « n'était pas bonne, ils mouraient de faim. « Deux de nos jeunes chasseurs ayant tué « un daim, allumèrent un feu dans les bois « pour en griller une partie. Comme ils

« étaient prêts à satisfaire leur faim, ils
« virent une jeune et belle femme des-
« cendre des nuées et s'asseoir sur cette
« hauteur que vous voyez là-bas, au mi-
« lieu des Montagnes Bleues. Ils se dirent
« l'un à l'autre : c'est un esprit qui peut-
« être a senti l'odeur de notre gibier grillé,
« et qui désire en manger : il faut lui en
« offrir. Ils lui présentèrent la langue de
« l'animal. Elle trouva ce mets fort de son
« goût, et leur dit : Votre honnêteté
« aura sa récompense. Revenez en ce même
« lieu après treize lunes, et vous trouverez
« quelque chose qui vous sera très utile
« pour vous nourrir, vous et vos enfans,
« jusqu'à la postérité la plus reculée. Ils
« firent ce qui leur avait été dit, et à leur
« grande surprise, trouvèrent des plantes
« qu'ils n'avaient jamais vues auparavant,
« mais qui, depuis cette époque reculée, ont
« été constamment cultivées parmi nous à
« notre grand avantage. Là où avait touché

« la main droite de cette femme, ils trou-
« vèrent du maïs; à l'endroit où avait
« touché la main gauche, des haricots, et
« à celui où elle s'était assise, du tabac. »

Le bon missionnaire s'ennuya de ce conte absurde. « Je vous ai annoncé, dit-il, « des vérités sacrées, et tout ce que vous « me contez n'est que fable, fiction et men- « songe. » L'Indien offensé lui répondit : « Frère, il paraît que vos parens ont né- « gligé votre éducation; ils ne vous ont pas « bien instruit des règles de la politesse. « Vous avez vu que nous, qui connaissons « et pratiquons ces règles, nous avons cru « toutes vos histoires : pourquoi refusez- « vous de croire aux nôtres? »

Lorsque quelqu'un d'entre eux vient dans nos villes, le peuple est sujet à se presser autour de lui, à le regarder fixement, à l'incommoder dans les momens où il voudrait être seul. Ils considèrent cela comme une grande incivilité, et comme un effet de notre peu de connaissance des règles de la politesse et des bonnes manières. « Nous sommes, disent-ils, aussi curieux « que vous ; et quand vous venez dans nos « habitations, nous désirons trouver le mo- « ment de vous regarder ; mais nous avons « soin de nous cacher derrière les buissons « pardevant lesquels vous devez passer, « et nous ne venons jamais vous impor- « tuner indiscrètement de notre présence. »

Leur manière d'entrer dans les villages les uns des autres a aussi ses règles. Ils regardent comme une impolitesse dans un étranger qui voyage, d'entrer brusquement sans donner avis de son arrivée. En conséquence, dès qu'il se sont approchés jusqu'à la portée de la voix, ils s'arrêtent, ils crient, et attendent qu'on vienne les inviter à entrer : ordinairement deux anciens viennent à eux, et leur servent d'introducteurs. Il y a dans chaque village une cabane vacante, qu'on appelle la maison des étrangers. C'est là qu'on les loge. Cependant, les deux vieillards vont de hutte en hutte annoncer aux habitans qu'il est arrivé des étrangers qui, probablement, ont faim et sont fatigués. Chacun leur envoie ce qu'il peut, en alimens, et en peaux de bêtes pour se coucher. Quand les étrangers sont remis, on leur apporte des pipes et du tabac, et alors seulement la conversation commence, jamais auparavant. On leur demande qui ils sont, où ils vont, quelles sont les nouvelles, etc. L'entretien finit ordinairement par l'offre de ce qui peut être nécessaire pour continuer le voyage, comme des guides, des vivres; et jamais on ne leur demande rien pour cette réception.

Chacun d'eux en particulier pratique cette même hospitalité, regardée chez eux comme la principale vertu. Notre interprète Conrad Weisser m'en a raconté l'exemple suivant. Il avait été naturalisé parmi les Six Nations, et parlait bien la langue mohock. Un jour qu'il voyageait chez les Indiens, chargé d'un message de notre gouverneur pour l'assemblée d'Onondaga, il passa devant l'habitation de Canassetego, l'un de ses anciens amis, et l'appela. Celui-ci l'embrassa, étendit des fourrures pour le faire asseoir, mit devant lui des fèves bouillies, du gibier, mêla ensemble de l'eau et du rhum pour le désaltérer. Après que Conrad eut été bien restauré, et qu'il eut allumé sa pipe, Canassetego entama la conversation. Il lui demanda comment il s'était porté depuis plusieurs années qu'ils ne s'étaient vus, d'où il venait, quel était l'objet de son voyage. Conrad répondit à toutes ses questions ; et comme la conversation commençait à languir, l'Indien la reprit ainsi : « Conrad, vous « avez vécu long-temps chez les blancs, « et vous avez quelque connaissance de « leurs mœurs. J'ai été quelquefois à Al-

« bany, et j'ai observé qu'une fois tous les
« sept jours ils ferment leurs boutiques et
« s'assemblent tous dans une grande mai-
« son. Dites-moi pourquoi ? Que font-ils
« là ? — Il s'assemblent, dit Conrad, pour
« entendre et apprendre les bonnes choses.
« — Je ne doute pas, reprit l'Indien, qu'ils
« ne vous l'aient dit : ils me l'ont dit aussi
« à moi ; mais je doute que cela soit vrai,
« et voici mes raisons. J'allai dernièrement
« à Albany pour vendre mes peaux, et
« acheter des couvertures, des couteaux,
« de la poudre, du rhum, etc. Vous savez
« que je faisais ordinairement affaire avec
« Hans Hanson ; mais cette fois j'avais quel-
« que envie d'essayer d'autres marchands.
« Quoi qu'il en soit, je passai d'abord chez
« Hans, et lui demandai combien il me
« donnerait pour mes peaux de castor. Je
« ne puis pas les payer, dit-il, plus de qua-
« tre shellings la livre. Mais pour le pré-
« sent, ajouta-t-il, je ne puis vous parler

« d'affaires. C'est aujourd'hui que nous
« nous assemblons pour apprendre les bon-
« nes choses, et je vais à l'assemblée. Je
« pensai alors que ne pouvant pas conclure
« d'affaires ce jour-là, je ferais aussi bien
« d'aller avec lui à l'assemblée, et je le
« suivis. Là, un homme vêtu de noir se le-
« va, et se mit à parler aux autres avec
« beaucoup d'humeur. Je ne compris pas ce
« qu'il disait; mais m'apercevant qu'il re-
« gardait beaucoup, moi et Hanson, je
« m'imaginai qu'il était fâché de me voir
« là; je sortis donc; j'allai m'asseoir près
« de la maison, j'allumai ma pipe, et je fu-
« mai en attendant que l'assemblée fût fi-
« nie. Il me vint aussi dans l'esprit que
« l'homme noir avait dit quelque chose au
« sujet de la peau de castor, et je soup-
« çonnai que ce pouvait bien être là l'objet
« de leurs assemblées. En conséquence,
« dès qu'ils sortirent, j'abordai mon mar-
« chand : Eh bien! Hans, lui dis-je, j'es-

« père que vous êtes convenu de donner
« plus de quatre shellings pour les peaux
« de castor. — Non, dit-il, non je ne puis
« même en donner tant; vous n'en aurez
« que trois shellings et six sous. Je m'a-
« dressai à quelques autres marchands.
« Tous n'eurent qu'un même refrain: trois
« shellings et six sous, trois shellings et
« six sous. Je vis donc clairement que mes
« soupçons étaient fondés, et que ces as-
« semblées, où ils prétendent apprendre
« de bonnes choses, n'avaient en effet pour
« but que de se concerter pour frauder les
« Indiens sur le prix des peaux. Réfléchis-
« sez un peu, Conrad, et vous serez de
« mon avis. S'ils s'assemblaient si souvent
« pour apprendre les bonnes choses, ils
« devraient certainement en avoir appris
« quelqu'une jusqu'aujourd'hui; mais ils y
« sont aussi ignorans qu'ils étaient. Vous
« connaissez nos usages: si un blanc voyage
« dans notre pays, et qu'il entre dans une

« de nos cabanes, nous le traitons tous
« comme je vous traite ici; nous le séchons,
« s'il est mouillé ; nous le réchauffons, s'il
« a froid; nous lui donnons à manger et à
« boire pour soulager sa faim et sa soif;
« nous étendons de douces fourrures pour
« le faire reposer et dormir; et, en retour,
« nous ne demandons rien. Mais moi, si
« j'entre dans la maison d'un blanc d'Al-
« bany, et que je demande à manger et
« à boire : Où est ton argent ? me dit-on;
« et si je n'en ai pas: Hors d'ici, chien
« d'Indien. Vous voyez bien qu'ils n'ont
« point encore appris ce peu de bonnes cho-
« ses que nous apprenons, nous, sans avoir
« besoin d'assemblées, parce que nos mè-
« res nous les enseignent dans notre en-
« fance. Il est donc impossible que l'objet
« de leurs assemblées soit tel qu'ils le di-
« sent; et la vérité est qu'il n'y apprennent
« rien, si ce n'est à *frauder les Indiens sur*
« *le prix des castors.*

AVIS A CEUX QUI VOUDRAIENT ALLER S'ÉTABLIR EN AMÉRIQUE.

Plusieurs personnes en Europe ayant témoigné directement, ou par lettres, à l'auteur de cet écrit, qui connaît très bien l'Amérique septentrionale, le désir d'y passer et de s'y établir; comme il lui paraît que, par ignorance, ils ont pris des idées et des espérances fausses sur ce qu'ils pourraient y obtenir, il croit faire une chose utile, et épargner le désagrément de voyages et de déplacemens coûteux et sans fruit aux personnes à qui ce parti ne convient pas, en donnant sur cette région quelques notions plus claires et plus sûres que celles qui paraissent avoir prévalu jusqu'à présent.

Il voit que plusieurs imaginent que les habitans de l'Amérique septentrionale sont riches, en état et dans la disposition de récompenser toute espèce d'industrie; qu'en même temps ils ignorent toutes les sciences, et conséquemment que les étrangers qui possèdent des talens dans les belles-lettres et les beaux-arts doivent y être grandement estimés, et si bien payés, qu'ils deviendront aisément riches; qu'il y a aussi grand nombre d'offices avantageux dont on peut disposer, et qui demandent, pour les remplir, des qualités que les naturels n'ont pas; et que, comme parmi eux il y a peu de gens de famille, les étrangers de naissance doivent y être fort respectés, et par conséquent faire tous fortune, en obtenant facilement les meilleurs de ces offices; que le gouvernement aussi, pour encourager les émigrations d'Europe, non-seulement paie la dépense du transport personnel, mais donne gratis aux étrangers des terres avec des nègres pour les cultiver, des outils de labourage et des bestiaux. Ce sont de pures imaginations; et ceux qui vont en Amérique avec des espérances fondées sur ces idées, se trouveront certainement très loin de compte.

La vérité est que, bien qu'il y ait dans ce pays peu d'hommes aussi misérables que les pauvres d'Europe, il y en a aussi très peu de ceux qu'on y appelle riches : il y règne plutôt une heureuse et générale médiocrité. Il y a peu de grands propriétaires de terre, et peu de tenanciers; la plus grande partie des hommes cultive ses propres champs, ou s'attache à quelque métier ou négoce; fort peu sont assez riches pour vivre sans rien faire, sur leurs revenus, ou pour payer les hauts prix qu'on donne en Europe pour les peintures, les sculptures, les ouvrages d'architecture, et autres produits de l'art qui sont plus curieux qu'utiles. Aussi les personnes qui sont nées en Amérique avec des dispositions naturelles pour ces talens, ont-elles toutes quitté ce pays pour l'Europe, où elles peuvent être plus avantageusement récompensées. Il est vrai que les lettres et les connaissances mathématiques y sont en estime; mais elles sont en même temps plus communes qu'on ne le croit, puisqu'il existe déjà neuf colléges ou universités, savoir: quatre dans la Nouvelle Angleterre, et une dans chacun des états de New-York, New-Jersey, Pensylvanie, Maryland et Virginie, toutes pourvues de savans professeurs; sans compter nombre d'académies moins considérables: elles enseignent à une partie de leur jeunesse les langues et les sciences nécessaires à ceux qui se destinent à être prêtres, avocats ou médecins. On n'emploie certainement aucuns moyens pour exclure les étrangers de ces professions; et le prompt accroissement d'habitans, partout, peut leur procurer l'a-

vantage d'être employés comme les naturels du pays. Il n'y a qu'un petit nombre d'offices civils ou d'emplois; il n'y en a point de superflus, comme en Europe : la règle établie dans quelques états, est qu'aucun office ne doit être assez lucratif pour être désirable. Le 36e article de la constitution de Pensylvanie, s'exprime précisément en ces mots: « Comme, pour
« conserver son indépendence, tout homme
« libre, s'il n'a pas un bien suffisant, doit
« avoir quelque profession, métier, com-
« merce, ou ferme qui puissent le faire sub-
« sister honnêtement, il ne peut y avoir ni
« nécessité, ni utilité d'établir des emplois
« lucratifs, dont les effets ordinaires sont,
« dans ceux qui les possèdent ou qui les re-
« cherchent, une dépendance et une ser-
« vilité indignes d'hommes libres, et dans
« le peuple, des querelles, des factions,
« la corruption et le désordre... C'est pour-
« quoi, toutes les fois que, par l'augmen-

« tation de ses émolumens, ou par quelque
« autre cause, un emploi deviendra assez
« lucratif pour émouvoir le désir et attirer
« la demande de plusieurs personnes, le
« corps législatif aura soin d'en diminuer
« les profits. »

Ces idées étant plus ou moins fortement établies dans tous les États-Unis, il ne peut être raisonnable pour aucun homme, ayant des moyens de vivre chez lui, de s'expatrier dans l'espoir d'obtenir en Amérique un office civil avantageux ; et les emplois militaires sont finis avec la guerre, puisqu'on a licencié l'armée. Il est beaucoup moins sensé d'y aller n'ayant d'autre titre de recommandation que sa naissance. En Europe, elle a sans doute sa valeur; mais c'est une denrée qu'on ne peut pas porter à un plus mauvais marché qu'à celui de l'Amérique, où on ne demande point à l'égard d'un étranger : *qui est-il ?* mais : *que sait-il faire ?* S'il possède quelque art utile, il est le bien-venu; s'il l'exerce et qu'il se conduise bien, il sera respecté par tous ceux qui le connaîtront : mais celui qui n'est pas autre chose qu'un homme de qualité, et qui, pour cette raison, veut vivre aux dépens du public par quelque office ou salaire, sera regardé de mauvais œil et méprisé. Le laboureur y est en honneur, et même l'ouvrier, parce que leurs occupations sont utiles. Le peuple a coutume de dire que Dieu tout-puissant est lui même un artisan, le plus habile qui soit dans l'univers; et ils le respectent et l'admirent plus pour la variété, l'industrie et l'utilité de ses ouvrages, qu'à cause de l'antiquité de sa famille. Ils aiment l'observation d'un nègre, et ils la répètent souvent dans son mauvais anglais : Que Boccarorra, c'est-à-dire l'homme blanc, fait travailler un noir, fait travailler un cheval, fait travailler un bœuf, fait travailler tout le monde, excepté le cochon;

il ne peut pas faire travailler le cochon, qui mange, qui boit, qui se promène, qui va dormir quand il lui plaît, et qui, enfin, *vit comme un gentilhomme*. D'après ces opinions des Américains, ils se croiraient beaucoup plus obligés à un généalogiste qui leur prouverait que leurs ancêtres et leurs alliés ont été pendant dix générations, laboureurs, forgerons, charpentiers, tourneurs, tisserands, tanneurs ou même cordonniers, et par conséquent des membres utiles de la société, que s'il ne pouvait que leur prouver qu'ils ont été gentilshommes, ne se souciant que de vivre, sans rien faire, du travail des autres, vraiment *fruges consumere nati* *, et d'ailleurs bons à rien, jusqu'à ce qu'après leur mort on puisse dépecer leur fortune comme la personne du cochon-gentilhomme du nègre.

* Hor. ep. 2, L. 1, v. 27.

A l'égard des encouragemens de la part du gouvernement pour les étrangers, il n'y a réellement que ceux qui dérivent des bonnes lois et de la liberté. Les étrangers sont bien reçus, parce qu'il y a suffisamment place pour tous, et que conséquemment les anciens habitans n'en sont point jaloux. Les lois les défendent assez, pour qu'ils n'aient pas besoin du patronage d'un grand; et chacun jouit, avec sécurité, des profits de son savoir-faire. Mais s'il n'a pas apporté de fortune, il faut qu'il travaille pour vivre, et qu'il soit industrieux. Un ou deux ans de résidence lui donnent tous les droits de citoyen; mais quoi qu'ait pu faire autrefois le gouvernement, il ne forme à présent de convention avec personne pour l'engager à s'établir, soit en payant son passage, soit en lui donnant des terres, des nègres, des outils, des troupeaux, ou aucune espèce d'émolument. Enfin l'Amérique est le pays du travail, et nullement ce que les Anglais appellent *Lubberland*, et les Français, *pays de Cocagne*, où les rues sont, dit-on, pavées de petit pains, les maisons couvertes d'omelettes, et où les poulardes voltigent, toutes rôties, en criant : Venez me manger.

A quelle espèce d'hommes serait-il donc aujourd'hui profitable de se transporter en Amérique? et quels avantages pourraient-ils raisonnablement attendre?

Le pays est rempli d'immenses forêts, vides d'habitans, et qui ne seront pas occupées d'un siècle ; et la terre est à si bon marché, que la propriété de cent acres d'un sol fertile, couvert de bois, peut s'acquérir, dans beaucoup d'endroits près des frontières, pour huit ou dix guinées; de jeunes laboureurs vigoureux, qui s'entendent à la culture des grains et au soin des bestiaux, qui sont à-peu-près les mêmes là qu'en Europe, peuvent facilement s'y établir. Un peu d'argent mis à part sur les gros gages qu'ils y reçoivent lorsqu'ils travaillent pour les autres, les met en état d'acheter un terrein et de commencer leur plantation; ce à quoi ils sont aidés par la bonne volonté de leurs voisins et par quelque crédit. Une multitude de pauvre peuple d'Angleterre, d'Irlande, d'Écosse et d'Allemagne sont en peu d'années devenus, par ces moyens, de riches cultivateurs; tandis que, dans leur pays, où les terres sont toutes occupées, et le prix du travail modique, ils n'auraient jamais pu se tirer de la chétive condition dans laquelle ils étaient nés.

La bonté de l'air, la salubrité du climat, l'abondance de nourritures saines, et l'encouragement à se marier de bonne heure par la certitude d'avoir une subsistance en cultivant la terre, font que l'accroissement des habitans, par la seule fécondité du pays, est très rapide, et devient encore plus considérable par l'addition des étrangers. Il en résulte qu'on a toujours besoin d'un grand nombre d'artisans pour tout ce qui est nécessaire et utile, pour garnir les ménages des cultivateurs et leur fournir les outils de la sorte la plus grossière, et qu'il serait plus incommode d'apporter d'Europe. Dans tous les métiers de cette espèce, les ouvriers passablement bons sont sûrs de trouver de l'emploi et d'être bien payés de leurs ouvrages; il n'y a aucune entrave qui puisse gêner les étrangers dans l'exercice du métier qu'ils savent, et ils n'ont pas besoin de permission. S'ils sont pauvres, ils commencent par être domestiques ou journaliers; et s'ils sont sobres, intelligens et ménagers, ils deviennent bientôt maîtres, ils travaillent pour leur propre compte, se marient, élèvent leur famille, et deviennent des citoyens respectables.

Aussi ceux qui, n'ayant qu'une fortune médiocre et plusieurs enfans à pourvoir, souhaitent les former au travail et assurer du bien à leur postérité, ont-ils la facilité de faire à cet égard en Amérique ce qui leur serait impossible en Europe. Ils peuvent, sans craindre d'être méprisés, apprendre et pratiquer des arts mécaniques lucratifs : ils seront au contraire respectés, s'ils deviennent habiles. Les petits capitaux employés à l'achat des terres, qui journellement augmentent de valeur par l'accroissement de la population, donnent la perspective d'une ample fortune dans la suite pour les enfans. L'auteur de cet écrit a vu plusieurs exemples de grands terreins, sur les frontières qu'avait alors la Pensylvanie, achetés dix livres sterling les cent acres, qui, vingt ans après, lorsque les habitations se sont étendues beaucoup au-delà, se vendaient couramment, sans qu'on y eût fait aucune amélioration, trois livres sterling par acre. L'acre d'Amérique est le même qu'en Angleterre et en Normandie.

Ceux qui veulent se mettre au fait de l'état du gouvernement, feront bien de lire les Constitutions des différens états et les articles de la Confédération qui les lie tous ensemble pour les affaires générales, sous la direction d'une assemblée qu'on appelle Congrès. Ces Constitutions ont été imprimées en Amérique par son ordre ; on en a fait deux éditions à Londres, et on en a publié dernièrement à Paris une bonne traduction française.

Ces dernières années, plusieurs princes d'Europe ont cru qu'il leur serait avantageux de faire fabriquer dans leurs propres états ce qui sert aux commodités de la vie, d'établir des manufactures pour diminuer et rendre nulles les importations; et ils ont entrepris d'attirer les fabricans des autres pays par de hauts salaires, des privilèges, etc. Plusieurs personnes, prétendant se bien connaître dans différentes sortes de manufactures en grand, ont imaginé que l'Amérique devait en avoir besoin, que le Congrès serait probablement dans la disposition d'imiter les princes dont nous venons de parler, et ont proposé de s'y transporter, à condition qu'on payerait leur passage, qu'on leur donnerait des terres, des salaires, des privilèges exclusifs pour plusieurs années, etc. Ces personnes, en lisant les articles de la Confédération, trouveront que le Congrès n'a ni pouvoir pour cet objet, ni argent entre ses mains pour de semblables projets, et qu'il n'y aurait que le gouvernement de quelque état particulier qui pût donner un pareil encouragement. On l'a toutefois rarement accordé en Amérique; et, quand on l'a fait, on n'a presque jamais réussi à établir des manufactures, que le pays, encore trop faible, ne pouvait pas encourager les particuliers à monter eux-mêmes; le travail est généralement trop cher, et les travailleurs trop difficiles à conserver, chacun désirant d'étre maître, et le bon marché des terres donnant à beaucoup le désir de quitter les métiers pour l'agriculture. Quelques-unes, à la vérité, ont été établies et conduites avec succès; mais ce sont en général celles qui ne demandent que peu de bras, et dans lesquelles la plus grande partie des ouvrages se font par des machines. Les marchandises trop volumineuses, ou d'une si petite valeur qu'elles ne peuvent supporter la dépense du frêt, peuvent souvent être fabriquées à meilleur marché dans le pays que celles qu'on pourrait importer; et les manufactures de ces objets seront avantageuses partout où il y aura suffisamment de demandes. Les agriculteurs, à la vérité, récoltent en Amérique beaucoup de laine et de lin, et on n'en exporte point; tout est mis en œuvre, mais dans des ateliers domestiques, pour l'usage de la maison. On a plusieurs fois entrepris, dans différens états, d'en acheter une grande quantité pour les faire filer, employer des tisserands, et former de grands établissemens qui fabriquassent de la toile et des ouvrages de laine pour les vendre ; mais ces projets ont presque toujours mal tourné, parce qu'on importe des ouvrages aussi bons et à meilleur compte; et, lorsque les gouvernemens ont été sollicités pour soutenir et encourager ces établissemens par de l'argent, ou en imposant des droits sur l'importation des objets de même espèce, ils l'ont toujours refusé, sur le principe que, si la province est assez florissante pour avoir des manufactures, les particuliers peuvent en établir avec profit; et que, dans le cas contraire, c'est une folie de vouloir forcer la nature. Les manufactures en grand demandent beaucoup de pauvres qui travaillent pour un léger salaire : on peut les trouver en Europe ; mais il n'y en aura point en Amérique, jusqu'à ce que les terres soient toutes prises et cultivées, et que ceux qui ne pourront en avoir aient besoin d'être employés. Les manufactures de soie, dit-on, sont naturelles en France, comme celles de draps en Angleterre, parce que chacun de ces pays produit en abondance la matière première; mais si l'Angleterre veut avoir des manufactures de soie comme celles de laine, et la France des manufactures de laine comme celles de soie, il faut que ces opérations forcées soient soutenues, comme on l'a fait effectivement, par des prohibitions mutuelles, ou de forts droits sur l'une et l'autre marchandise importée. Par ce moyen, les ouvriers peuvent forcer ceux qui les consomment sur le lieu d'en donner un plus haut prix, sans que cette augmentation les rende plus heureux ou plus riches : il arrive seulement qu'ils en boivent davantage, et travaillent moins. Les gouvernemens, en Amérique, ne donnent donc aucun encouragement à de pareilles entreprises; et, par ce moyen, on n'y est point rançonné par les marchands ou par les ouvriers. S'il arrive qu'un marchand demande trop pour des souliers importés, on les achète chez un cordonnier; et si celui-ci veut un prix trop fort, on les prend chez le marchand; de cette manière, ces deux états sont contenus l'un par l'autre: tout calcul fait, cependant, le cordonnier en Amérique peut retirer de son ouvrage un profit plus considérable qu'en Europe; car il peut ajouter au prix qu'on y donne, une somme à peu près égale à la dépense du frêt, de la commission, des risques ou de l'assurance, etc. que supporte nécessairement le marchand; et il en est de même pour les ouvriers de tout autre art mécanique. En conséquence, les artisans en général vivent mieux et plus aisément en Amérique qu'en Europe; et ceux qui sont économes mettent à part une bonne réserve pour le soutien de leur vieillesse et de leurs enfans:

il peut donc être avantageux pour cette espèce d'hommes de passer en Amérique.

Dans les contrées d'Europe habitées depuis long-temps, les arts, les métiers, les professions, les fermages, etc., sont tous tellement remplis, qu'il est difficile pour les gens pauvres de placer leurs enfans de manière qu'ils puissent gagner, ou apprendre à gagner de quoi vivre d'une manière supportable. Les artisans qui craignent de se donner pour l'avenir des rivaux dans leur métier, ne prennent point d'apprentifs, à moins qu'on ne leur donne de l'argent, et de quoi les entretenir, ou l'équivalent; ce que les parens ne sont point en état de faire. Il s'ensuit que les jeunes gens ignorent, sans pouvoir faire autrement, toute espèce d'art lucratif, et deviennent, par nécessité, soldats, domestiques ou voleurs, pour subsister. En Amérique, l'accroissement rapide des habitans écarte la crainte de cette rivalité : les artisans reçoivent volontiers des apprentifs, dans l'espoir de retirer le profit de leur travail pendant ce qui restera du temps stipulé, par-delà celui qu'il aura fallu pour les former : il n'est, par conséquent, pas difficile aux familles pauvres de faire instruire leurs enfans ; les artisans sont tellement empressés d'avoir des élèves que plusieurs d'entre eux donneront même de l'argent aux pères et mères pour s'attacher leurs garçons de dix à quinze ans, jusqu'à celui de vingt et un ; et par ce moyen, plusieurs pauvres parens, à leur arrivée dans le pays, ont eu de quoi acheter des terres suffisamment pour s'établir, et faire subsister le reste de leur famille par l'agriculture. Ces conventions pour les apprentifs sont faites devant un magistrat, qui en règle les conditions suivant la raison et la justice; et, dans la vue de former pour l'avenir un utile citoyen, il oblige le maître de s'engager par un contrat écrit, non-seulement à ce que, pendant le temps du travail stipulé, l'apprentif soit convenablement nourri, désaltéré, vêtu, blanchi et logé, mais à lui donner, à l'expiration de son temps, un assortiment complet de vêtemens neufs; qu'en outre on lui montrera à lire, à écrire et à compter, et qu'il sera bien instruit dans l'art ou la profession de son maître, ou dans quelque autre qui le mette en état par la suite de gagner de quoi vivre, et d'élever à son tour une famille. On donne une copie de cette convention à l'élève, ou à ceux qui s'intéressent à lui : le magistrat l'écrit sur un registre; et on peut y avoir recours, si le maître manque en aucun point de l'exécuter. Ce désir qu'ont les maîtres d'avoir un plus grand nombre de bras pour leurs ouvrages, les engage à payer le passage des jeunes gens de l'un et de l'autre sexe qui consentent à les servir, à leur arrivée, un, deux, trois ou quatre ans. Ceux qui savent déjà faire quelque chose obtiennent un terme plus court, à raison de leur adresse, et un prix justement proportionné à leurs services; ceux qui ne savent rien, s'engagent pour un plus long terme, afin qu'on leur montre un métier que leur pauvreté ne leur a pas permis d'apprendre dans leur pays.

La médiocrité qui règne presque généralement en Amérique dans les fortunes, obligeant ses habitans à faire quelque chose pour subsister, prévient en grande partie les vices qui naissent ordinairement de la fainéantise. Le travail, joint à une occupation constante, est un grand préservatif pour les mœurs et la vertu d'une nation. Il arrive de-là que la jeunesse rencontre plus rarement en Amérique de mauvais exemples; ce qui doit être une considération bien satisfaisante pour des parens. On peut encore certainement ajouter à ces avantages que, non-seulement on y tolère la religion sous ses différentes dénominations, mais même qu'on l'y respecte et qu'on la cultive. L'athéisme y est inconnu; l'incrédulité rare et secrète : de sorte qu'on peut y vivre long-temps, sans être scandalisé par la rencontre d'un athée ou d'un incrédule; et la Divinité paraît avoir montré manifestement qu'elle approuve la tolérance et la douceur avec lesquelles les différentes sectes se traitent l'une l'autre, par la grande prospérité dont elle a bien voulu favoriser tout le pays.

DE LA SOCIABILITÉ. *

L'homme est un être sociable, et l'un des châtimens les plus rigoureux est, à mon avis, celui d'être privé de toute société. J'ai lu force belles choses sur la solitude, et je sais qu'un propos assez ordinaire dans la bouche de ceux qui ont la vanité de vouloir passer pour sages, est *qu'ils ne sont jamais moins seuls que lorsqu'ils sont seuls.* Pour moi, je reconnais que la solitude est un délassement agréable pour un homme très occupé; mais

---

* Extrait du *Journal* de Franklin, le 25 août 1726, pendant sa première traversée de Londres à Philadelphie.

si l'on obligeait ces penseurs à se tenir toujours seuls, je suis porté à croire qu'ils ne tarderaient pas à se trouver eux-mêmes insupportables. On m'a parlé d'un personnage qui fut enfermé au secret, pendant sept ans, à la Bastille, à Paris. C'était un homme de sens, un penseur; mais étant privé de toute conversation, à quoi bon aurait-il pensé? car on lui refusait même les moyens d'exprimer ses idées par écrit. Il n'existe aucun fardeau plus pesant que celui d'un temps dont on ne sait que faire. Voici la ressource à laquelle le prisonnier fut enfin obligé de recourir : il passait ses journées à répandre sur le plancher de sa petite chambre des morceaux de papier, puis à les ramasser, pour en former des rangées et des figures sur le bras de son fauteuil. Lorsqu'il fut mis en liberté, il disait souvent à ses amis qu'il croyait véritablement que s'il n'eût imaginé ce passe-temps, il aurait perdu l'esprit. Un philosophe, c'était, je crois,

Platon*, avait coutume de dire qu'il aimerait mieux être la créature du monde la plus stupide, que de posséder des connaissances universelles, à la charge de n'avoir aucun être intelligent à qui les communiquer.

* Voici comment Cicéron exprime la pensée présentée ici par Franklin : « Une chose bien vraie, c'est ce que disait, je crois, Archytas de Tarente, comme je l'ai appris de quelques vieillards à qui d'autres l'avaient rapporté : « que si « quelqu'un montait au ciel, et que delà il con- « templât ce spectacle du monde et de la beauté « des astres, il ne serait que faiblement touché « de toutes ces merveilles, qui l'eussent jeté dans « le ravissement, s'il eût eu quelqu'un à qui les « raconter. » Ainsi la nature de l'homme répugne à la solitude, et semble chercher toujours un support.

De l'Amitié, ch. 23.

UTILITÉ DES BONS PROCÉDÉS.*

Mon premier pas dans les affaires publiques fut d'être nommé, en 1736, secrétaire de l'assemblée générale. Ce choix eut lieu cette année sans opposition; mais, la suivante, lorsque je fus proposé de nouveau (le choix des secrétaires étant annuel comme celui des membres) un nouveau membre de l'assemblée fit un long discours contre moi pour favoriser un autre candidat. Je fus pourtant choisi, ce qui me fut d'autant plus agréable qu'indépendamment des appointemens attribués au secrétaire, cette place me fournissait l'occasion d'inté-

* Extrait des *Mémoires* de Franklin; 2e partie.

resser en ma faveur les membres de l'assemblée, ce qui m'assurait l'impression des opinions, des lois, du papier monnaie, et autres ouvrages officiels de circonstance, ce qui, au total, m'était fort profitable. Je ne fus donc pas fort charmé de l'opposition de ce nouveau membre, homme jouissant d'une belle fortune, ayant reçu une bonne éducation, et doué de talens qui paraissaient devoir, avec le temps, lui procurer dans la chambre une influence qu'il y obtint effectivement par la suite. Je ne cherchai cependant point à gagner ses bonnes grâces en lui témoignant de serviles égards; mais, au bout d'un certain temps, j'usai d'une autre méthode : ayant appris qu'il possédait dans sa bibliothèque un certain livre rare et curieux, je lui écrivis un billet pour lui exprimer le désir de m'en servir, et pour le prier de me faire le plaisir de me le prêter pour quelques jours. Il me l'envoya sur-le-champ; et moi, au bout d'une semaine, je le lui renvoyai accompagné d'un nouveau billet avec les plus vifs remercîmens pour sa complaisance. La première fois que nous nous rencontrâmes dans la Chambre, il m'adressa la parole, ce qu'il n'avait jamais fait auparavant, et me témoigna beaucoup de civilités ; et, depuis ce temps, il s'est toujours montré disposé à m'être utile en toute occasion ; si bien que nous sommes devenus grands amis, et que notre amitié a duré jusqu'à sa mort. C'est un nouvel exemple de la vérité d'une vieille maxime que j'avais apprise, et qui dit : *Celui qui vous a une fois rendu service, sera plus disposé à vous en rendre un autre, que celui que vous avez obligé vous-même.* On voit aussi, par là, combien il est plus profitable d'écarter avec prudence les occasions d'inimitié, que de les saisir en s'y montrant trop sensible, que d'y répondre par de l'aigreur, que de les perpétuer par des procédés désobligeans.

LA BELLE JAMBE ET LA JAMBE TORSE.

Il y a, dans le monde, deux sortes de gens, qui, à égal degré de santé, de richesse, et des autres agrémens de la vie, se rendent, les uns heureux, les autres misérables. Cela provient, en grande partie, de la différente manière de considérer les choses, les personnes et les évènemens; et des effets que cette différence de vues produit sur l'esprit.

Dans toutes les situations de la vie, on peut trouver des avantages et des inconvéniens : dans toute société, on peut rencontrer des personnes et des conversations plus et moins amusantes; à toutes les tables, des mets et des boissons de goût plus et moins délicat, des plats mieux et plus mal servis; en tout climat, du beau et du vilain temps; sous tous gouvernemens, de bonnes et de mauvaises lois, et, dans l'exécution de ces lois, du bien et du mal; dans tout poème ou tout ouvrage d'esprit, des fautes et des beautés; dans presque tous les visages et toutes les personnes, des traits agréables et des défauts, des vertus et des vices.

Dans tous ces cas, les deux espèces de gens dont nous avons parlé fixent diversement leur attention. L'optimiste envisage le bon côté des choses, la partie amusante de la conversation, les plats bien préparés, les vins délicats, le beau ciel, etc., et il jouit du tout avec gaîté. Le pessimiste ne voit rien que sous le mauvais côté, ne parle de rien que du mal; aussi est-il continuellement mécontent de lui-même; ses remarques troublent les plaisirs des sociétés, il offense mille gens, et se rend un objet de déplaisance. Si ce tour d'esprit lui a été donné par la nature, il n'existe pas de misère qui mérite, plus que la sienne, d'exciter la compassion. Mais il peut se faire que cette disposition à la critique et à être mécontent de tout, n'ait été, dans l'origine, qu'un fruit de l'imitation, et se soit, par mégarde, tournée en une habitude qui, bien qu'ayant pris de fortes racines, peut néanmoins être arrachée, si l'on sait vivement sentir combien elle nuit au bonheur. J'espère que ce petit avertissement pourra rendre service à ceux qui se trouvent dans ce cas, et les déterminer à corriger une habitude qui, tout en étant principalement l'œuvre de l'imagination, exerce cependant sur la vie une influence sérieuse, et cause des chagrins et des malheurs réels. En effet, les pessimistes offensant beaucoup de gens, et n'étant aimés de personne, on ne leur témoigne de civilités et d'égards qu'en s'arrêtant, au juste, à ce qui est prescrit par l'usage; et encore vat-on à peine jusque-là; ce qui, souvent, les met de mauvaise humeur et les jette dans des disputes et des querelles. Visent-ils à obtenir une élévation de rang ou de fortune, personne ne fait des vœux pour leur succès, ne se remue d'un pas, ou ne profère une parole pour appuyer leurs prétentions. Encourent-ils une censure publique, ou une disgrâce, personne ne les défend ni ne les excuse; quelques-uns font plus, exagèrent leurs torts, et les rendent complètement odieux. Si ces gens ne veulent pas changer leurs habitudes et consentir à prendre plaisir dans ce qui est fait pour plaire, sans froisser eux et les autres par leurs contrariétés, il est bon d'éviter leur commerce, qui est toujours désagréable, et quelquefois très dangereux, notamment lorsqu'on se trouve mêlé soi-même dans leurs querelles.

Un vieux philosophe de mes amis était devenu, par expérience, très circonspect sur ce chapitre, et évitait, avec le plus grand soin, toute intimité avec les gens de cette sorte. Il avait, comme d'autres philosophes, un thermomètre pour indiquer l'état de la température, et un baromètre pour marquer si le temps tournait au beau, ou menaçait d'être mauvais; mais n'y ayant pas d'instrument inventé pour découvrir, à la première vue, cette disposition au pessimisme, il fit usage, à cet effet, de ses jambes, dont l'une était d'une beauté remarquable, et dont l'autre était devenue, par un accident, tortue et difforme. Si un étranger, à la première entrevue, regardait la méchante jambe plus que la bonne, il se méfiait de lui; si l'étranger parlait de cette mauvaise jambe, sans prendre du tout garde à la bonne, l'épreuve suffisait à mon philosophe pour le déterminer à ne pas cultiver davantage la connaissance. Tout le monde ne possède pas un pareil instrument à deux jambes;

mais chacun, avec un peu d'attention, peut observer des signes de cette manie de critiquer et de voir en mal, et prendre la même résolution d'éviter le commerce des malheureux qui en sont attaqués. Je donne donc avis à ces pessimistes, à ces censeurs moroses, toujours mécontens, toujours misérables, que, s'ils veulent être aimés et respectés des autres, et trouver le bonheur en eux-mêmes, ils doivent *cesser de regarder la jambe torse.*

LE COUP A LA TÊTE.*

La dernière fois que je vis votre père, ce fut au commencement de 1724 (à Boston), après mon premier voyage en Pensylvanie. Il me reçut dans sa bibliothèque, et quand je pris congé de lui, il me montra un chemin plus court pour sortir. C'était un passage étroit, traversé par une

---

* Extrait d'une lettre écrite de Passy, le 12 mai 1784, au docteur Mather de Boston. Son père était auteur de l'*Essai sur les moyens de faire le bien*, livre qui, dans la jeunesse de Franklin, avait fait sur lui une profonde impression, et auquel, dans le commencement de cette même lettre, il attribue une grande influence sur toute la conduite de sa vie et sur ses dispositions à être utile aux hommes. *Voy.* la Notice pag. 6.

poutre à hauteur de tête. Nous causions encore lorsque je me retirais, lui me suivant, et moi me retournant à moitié de son côté, quand il me cria vivement : Baissez-vous! baissez-vous! Je ne compris ce qu'il voulait me dire, que lorsque je sentis ma tête frapper contre la poutre. C'était un homme qui ne manquait jamais une occasion de donner une leçon utile, et il me dit dans celle-ci : « Vous êtes jeune, et vous allez entrer dans le monde; *baissez-vous pour le traverser*; et vous éviterez plus d'une rude atteinte. » Ce conseil, imprimé de la sorte dans ma tête, m'a été fréquemment utile; et j'y pense souvent quand je vois l'orgueil humilié, et les malheurs qu'éprouvent ceux qui portent la tête trop haute.

LA HERSE.

Franklin, parvenu à un âge avancé, sollicitait depuis long-temps auprès du Congrès son remplacement dans les fonctions d'ambassadeur en France. Un de ses amis lui ayant écrit pour l'engager à continuer ses fonctions, et lui ayant fait, à cette occasion, quelques complimens, le docteur lui répondit :

Votre comparaison avec la pierre qui est la clef d'une arche, est sans doute fort jolie, et a pour but de me rendre satisfait de ma situation. Mais je suppose que vous avez entendu raconter notre histoire de *la herse*. Si vous ne la connaissez pas, la voici :

Un fermier de nos campagnes envoya

deux de ses domestiques emprunter une herse chez un de ses voisins, et leur donna ordre de l'apporter à eux deux sur leurs épaules. Quand ils la virent, l'un d'eux, qui ne manquait pas d'esprit, dit : A quoi pense notre maître de n'envoyer que deux hommes pour porter cette herse? Il n'y a pas sur la terre deux hommes en état de la porter. — Bon, dit l'autre, qui était fier de sa force, que me parlez-vous de deux hommes? un homme seul peut la porter : aidez-moi à la charger sur mes épaules, et vous verrez. Tandis qu'il marchait, chargé de son fardeau, son camarade s'écriait : Comme vous êtes fort! Je ne l'aurais jamais cru! Vous êtes un Samson. Il n'y a pas deux hommes comme vous en Amérique. Quelle force étonnante le Ciel vous a donnée! Mais vous vous tuerez, mettez la herse à terre, et reposez-vous un moment, ou laissez-moi vous aider à la porter. — Non, non, reprit l'autre, plus encouragé par les complimens que fatigué par le fardeau, vous verrez que je suis en état de la porter jusqu'à la maison. Et il y réussit en effet.

Quant au dénouement, j'ai peur que mon imitation ne vaille pas l'original.

LA VISITEUSE INDISCRÈTE.*

Monsieur *l'Affairé*,

Comme vous vous êtes donné pour un *censeur morum*, ce qui est, je crois, le nom que vous avez pris, et ce qui, à ce qu'on m'a dit, est une espèce de réformateur des mœurs, je ne connais personne à qui je doive m'adresser, plus convenablement qu'à vous, pour redresser tous les torts dont nous avons à souffrir, par le manque

* Franklin écrivit dans *le Mercure américain*, journal hebdomadaire publié à Philadelphie par l'imprimeur Bradford, quelques articles de mœurs imités du *Spectateur* et qu'il signait *l'affairé*. Cette lettre fait partie d'un article du 25 février 1728.

d'usage de quelques personnes. Il faut que vous sachiez que je vis seule, non mariée, et tenant une boutique dans cette ville, pour gagner ma vie. J'ai une certaine voisine d'assez agréable compagnie, et avec laquelle je suis dans une ancienne intimité; mais, depuis quelque temps, elle multiplie tellement ses visites, et les prolonge si fort, que toute ma patience est mise à bout. Il ne me reste plus rien à moi-même de mon temps; et vous, qui paraissez être un homme sage, vous devez sentir que chacun a ses petits secrets et ses affaires privées, qui ne sont pas de nature à être exposés même aux amis les plus intimes. Maintenant, je ne puis rien faire au monde, sans qu'il faille qu'elle le sache, et je m'étonne d'avoir trouvé un instant pour vous écrire cette lettre. Mon malheur est que je la respecte beaucoup, et que je ne sais comment la désobliger assez pour lui dire que je serais bien aise d'avoir un peu moins de sa compagnie; car, si une fois je lui donnais pareille chose à entendre, j'aurais peur qu'elle s'en affectât au point de ne plus jamais toucher le seuil de ma porte. Mais, hélas! monsieur, je ne vous ai pas encore conté la moitié de mes chagrins. Elle a deux enfans qui sont juste assez grands pour courir autour de nous, et pour faire leurs fâcheuses gentillesses. Ils sont sans cesse avec leur maman, ou dans ma chambre, ou dans ma boutique, quel que soit le nombre de pratiques ou de chalands avec lesquels je sois occupée. Quelquefois, ils tirent les marchandises de mes tablettes d'en-bas, et les jettent par terre, tout justement, peut-être, à la place même que l'un d'eux vient d'arroser. Mon amie ramasse l'étoffe, et s'écrie : « Ah! le méchant petit garnement; mais cependant, il n'y a pas grand mal, ce n'est qu'un peu mouillé, » et elle la remet dans la tablette. Quelquefois, ils atteignent mon tonneau de clous, derrière le comptoir, et se divertissent, à mon grand chagrin, à mêler mes clous d'un sou, de deux sous, de trois sous. Je cherche à cacher mon humeur autant qu'il m'est possible, et, de l'air le plus calme, je me mets en devoir de les rassortir. Elle s'écrie : « Ne prends pas cette peine, voisine; laisse-les jouer un peu; je mettrai tout en place avant de partir. » Mais les choses ne sont jamais si bien remises en ordre, qu'il ne me reste grandement à faire, lorsqu'ils sont partis. Ainsi, monsieur, j'ai tout l'ennui et la déplaisance des enfans, sans avoir le plaisir de les appeler les miens; et ils sont maintenant si accoutumés à être chez moi, qu'ils ne sauraient être contens ailleurs. Si elle avait été assez bonne pour réduire ses visites à dix par jour, seulement d'une demi-heure chacune, j'aurais été satisfaite, et je crois que je ne vous aurais jamais importuné; mais, encore ce matin, ils m'ont tellement tourmentée que je ne puis les endurer plus long-temps; car, pendant que la mère me faisait vingt questions impertinentes, le plus petit attrapa mes clous, et se divertit fort à les jeter tous, avec bruit, sur le plancher; tandis que l'autre, au même instant, faisait un si terrible vacarme sur le comptoir, avec un marteau, que j'en devins à moitié folle. J'étais alors occupée à me faire un nouvel assortiment de barbes de bonnets; mais, dans l'agitation et le tumulte, je les taillai tout de travers, et gâtai tout-à-fait une pièce de mousseline de première qualité. Je vous en prie, monsieur, dites-moi ce que je dois faire, et parlez un peu dans votre prochain numéro, contre ces visiteurs si peu raisonnables; je ne voudrais cependant pas, pour beaucoup, la voir brouillée avec moi, car j'aime sincèrement elle et ses enfans, autant, je pense, qu'il est possible à une voisine ; et d'ailleurs, elle ne laisse pas, dans le courant de l'année, d'acheter beaucoup dans ma boutique. Mais je voudrais l'amener à considérer qu'elle en use avec moi sans miséricorde, quoique je n'attribue ses importunités qu'à un manque de réflexion. J'ai vingt choses encore à vous dire : il y a un beau gentilhomme qui (je n'en doute pas), songe à me faire l'amour ; mais il ne peut trouver l'occasion de...... O Dieu ! la voici encore : il faut que j'en reste là.

Votre etc.

PATIENCE.

MODÈLE DE LETTRE DE RECOMMANDATION

POUR UNE PERSONNE QUE L'ON NE CONNAÎT PAS.

Paris... 1777.

Le porteur de la présente, qui part pour l'Amérique, me presse de lui donner une lettre de recommandation, quoique je ne connaisse ni sa personne ni même son nom. Cela peut sembler extraordinaire, mais je vous assure que ce n'est pas ici chose rare. Quelquefois, vraiment, un homme que vous ne connaissez pas vous en amène un autre que vous ne connaissez pas davantage, afin de le recommander; et souvent ils se recommandent l'un l'autre! Quant au personnage que voici, c'est à lui même que vous pouvez vous adresser pour savoir quels sont ses talens et son mérite; il les connaît certainement beaucoup mieux que moi. Je le recommande cependant à ce bon accueil auquel a droit tout étranger sur le compte duquel on ne sait rien de mal; et je vous prie de lui rendre tous les bons offices, de lui témoigner toute la bienveillance dont vous l'aurez trouvé digne, lorsque vous le connaîtrez mieux.

  J'ai l'honneur d'être, etc.

TRÈS HUMBLE REQUÊTE PRÉSENTÉE A MADAME HELVÉTIUS PAR SES CHATS.

Très illustre et très bonne dame,

Une nouvelle affreuse vient troubler le bonheur dont nous jouissions dans votre basse-cour et dans votre bûcher. Nous apprenons que sur un exposé calomnieux, nos ennemis, vos abbés, * vous ont fait porter une sentence de proscription contre nous; qu'à l'aide d'une invention diabolique, nous devons être pris, mis dans un tonneau, roulés jusqu'à la rivière et abandonnés à la merci des flots ; et au mo-

* Morellet et La Roche.

ment où nous vous griffonnons notre très humble requête, nous entendons les coups de la hache et du marteau de votre cocher, qui façonne l'instrument du supplice qu'on nous prépare.

Mais, très illustre dame, serons-nous donc condamnés sans être entendus; et serons-nous les seules de tant de créatures vivantes à vos dépens qui ne trouveront pas votre âme juste et sensible? Nous voyons tous les jours vos bienfaisantes mains nourrir deux ou trois cents poulets, autant de serins, des pigeons sans nombre, tous les moineaux de la banlieue, tous les merles du bois de Boulogne, et jusqu'à des chiens; et nous seuls cesserions d'éprouver les effets de votre bienfaisance, et ce qui est affreux à penser, nous deviendrions les objets d'une cruauté bien étrangère à votre âme et que vous n'aurez jamais eue que pour nous. Non, la bonté naturelle de votre cœur vous ramènera à des sentimens plus dignes de votre chatéité.

Eh! quels crimes avons-nous commis? On nous accuse, (le dirons-nous jusqu'où s'emporte la calomnie?) on nous accuse de manger vos poulets lorsqu'ils sont encore jeunes, de détourner de temps en temps quelques pigeons, de guetter sans cesse vos serins et d'en accrocher quelques-uns par les mailles du treillage de votre volière; et de laisser les souris infester votre maison.

Mais suffit-il d'imputer des crimes pour faire des coupables? Nous pouvons repousser ces horribles accusations. Qu'il nous soit d'abord permis d'observer qu'on ne les appuie d'aucune preuve. Quand on produirait les pieds de quelques pigeons ou les plumes d'un poulet, sont-ce là des témoins qui puissent être admis dans quelque tribunal que ce soit? Mais les grands crimes sont les suites de la misère et du besoin, et nous recevons tous les jours de vous, à dix-huit chats que nous sommes, une subsistance abondante. Il ne nous manque rien. Égratignerions-nous la main qui nous nourrit ? Plus d'une fois, sous vos yeux, vos poulets sont venus manger avec nous au même plat, sans que vous ayez aperçu de notre part le plus léger mouvement d'impatience; et si l'on vous dit que nous ne mangeons jamais de poulets, lorsqu'on nous observe, que c'est la nuit que nous commettons les meurtres dont on nous accuse, nous répondrons que ce sont nos calomniateurs qui se cachent dans les ténèbres pour tramer contre nous leurs lâches complots, puisqu'ils sont réduits à nous imputer des crimes nocturnes, que dément sans cesse notre conduite de tout le jour.

Mais, disent nos ennemis, la basse-cour de Madame lui coûte vingt-cinq louis par an ; il s'y élève environ deux ou trois cents poulets, elle n'en mange pas cinquante, qui lui reviennent, par sa grande économie, à douze livres la pièce; et que devient le reste?

Nous oserons le demander; d'abord nous a-t-on donné les poulets en compte et en garde, et pouvons-nous en répondre? Au milieu de ce grand nombre d'êtres destructeurs, les hommes, tous convaincus que les poulets ne sont au monde que pour être mangés par eux, ce n'est pas sur nous que doivent porter les premiers soupçons. Il se fait tous les dimanches à la porte du bois de Boulogne et dans les cabarets d'Auteuil cent fricassées; n'est-il pas plus que vraisemblable qu'il s'y glisse quelques-uns de vos poulets? et certes ce n'est pas de nous que les aubergistes les tiennent. Après tout, Madame, et sans prétendre faire l'apologie des voleurs de poulets, qu'il nous soit permis d'observer que quelles que soient les causes qui en diminuent un peu le nombre, elles sont dans l'ordre de la nature, et salutaires pour vous-même dans leurs effets, puisqu'elles contiennent dans des limites convenables la multiplication de cette espèce, qui convertirait bientôt votre maison tout entière en un poulailler et qui vous réduirait à n'avoir plus de chemises pour avoir plus de poulets.

Quant aux pigeons, on a vu disparaître, il est vrai, plusieurs des enfants de *Coco* *; mais il ne faut pas que votre tendresse pour lui, qui va jusqu'à lui laisser casser vos porcelaines pourvu qu'il daigne manger dans votre main, vous rende injuste envers nous. Où est la preuve que nous ayons mangé ses enfants? Lui et ses pareils s'approchent-ils jamais de nous? Toujours sur les toits ou se tenant

---

* Pigeon apprivoisé et favori de madame Helvétius.

à distance, ne nous montrent-ils pas une défiance dont nous aurions le droit d'être blessés? Qu'on visite tout le bucher au printemps prochain; et si l'on découvre quelques traces du meurtre, nous serons les premiers à rechercher et à livrer le coupable. Mais quoi! les pigeons ne sont pas, comme nous autres pauvres chats, attachés au sol qui les a vu naître; ils peuvent voler par les airs à une autre patrie; ceux qui vous manquent, jaloux sans doute de la préférence que vous montrez à quelques-uns d'entre eux, ont été chercher l'égalité dans des colombiers républicains, plutôt que de traîner l'aile sous la domination insolente de vos pigeons favoris.

L'accusation qu'on intente contre nous d'avoir attrapé quelques-uns de vos serins, est une imposture grossière. Les mailles de leur volière sont si petites, que lorsqu'en jouant nous essayons d'y passer nos pattes, nous avons beaucoup de peine à les en retirer. Nous nous amusons, il est vrai, quelquefois à voir de près leurs jeux innocens; mais nous n'avons pas à nous reprocher le sang d'aucun de ces jolis oiseaux.

Nous ne nous défendrons pas de même d'avoir mangé autant de moineaux, de merles et de grives, que nous en avons pu attraper. Mais ici nous avons pour nous vos abbés mêmes, nos plus cruels ennemis : ils se plaignent sans cesse du dégât de cerises que les moineaux font, disent-ils, à leur préjudice. Le sieur abbé Morellet montre une haine ardente contre les grives et les merles, qui dépouillent vos treilles de raisins, ainsi que lui : mais il nous semble, très illustre dame, qu'il vaudrait autant que vos raisins fussent mangés par des merles que par des abbés, et qu'en vain ferons-nous la chasse à ces pillards ailés, si vous tolérez chez vous d'autres voleurs à deux pieds sans plumes qui y font encore de plus grands dégâts.

Nous savons qu'on nous accuse aussi de manger les rossignols qui ne volent rien, et qui chantent, dit-on, fort agréablement. Il se peut en effet que nous en ayons croqué quelques-uns, dans l'ignorance où nous étions de votre affection particulière pour eux ; mais leur plumage terne et gris ressemble beaucoup à celui des moineaux, et nous ne nous connaissons pas assez en musique pour distinguer le ramage des uns et des autres. Un chat de M. *Piccini* nous a dit que quand on ne savait que miauler on ne pouvait pas juger de l'art du chant, et cette maxime suffit à notre justification. Cependant nous mettrons désormais le plus grand soin à distinguer les *Gluckistes*, qui sont, nous a-t-il dit, les moineaux, des *Piccinistes* qui sont les rossignols; nous vous supplions seulement de nous pardonner les erreurs où nous pourrions tomber en dénichant quelque couvée de *Piccinistes* qu'il est impossible de reconnaître lorsqu'ils sont sans plumes et qu'ils n'ont pas encore appris à chanter.

La dernière imputation que nous repousserons, très illustre dame, est celle qu'on tire contre nous du grand nombre de souris dont votre maison est infestée. Elles font, dit-on, un dégât horrible dans votre sucre et vos confitures ; elles rongent les livres de vos savans et jusqu'aux mules de mademoiselle Luillier* dans le temps même qu'elle marche. On prétend que les chats n'étant créés et mis au monde par la Providence, (qui veille avec une égale bonté sur les chats et les souris,) que pour manger les souris, quand ils ne remplissent pas leur destination, on n'a rien de mieux à faire que de les noyer.

*Vieille femme de chambre de madame Helvétius.

Certainement, très illustre dame, il vous est aisé de reconnaître le langage de l'intérêt personnel dans la bouche de nos accusateurs. — Le sieur Cabanis* qui fait chez vous une consommation énorme de confitures et qui va sans cesse dérobant des morceaux de sucre lorsqu'il croit n'être pas vu, a ses raisons pour vous faire regarder comme un crime capital la gourmandise de quelques souris qui écornent un pain, ou entament avant lui un pot de gelée de groseilles : mais il montre une âme encore plus atroce qu'intéressée lorsqu'il nous juge dignes de mort, parce nous n'empêchons pas ces petites bêtes de faire la millième partie d'un dégât que, lui-même, tout grand qu'il est, fait sans discrétion comme sans remords : et pousserait-il plus loin sa barbarie envers nous, si, comme

* Les œuvres posthumes de Cabanis, publiées en 1825, contiennent une notice sur Franklin, fort étendue et pleine d'intérêt.

lui, et les souris nous étions nous-mêmes des animaux *sucro-phages* et *confituri-vores ?* N'est-il pas manifeste que sa gourmandise seule lui inspire des sentimens si cruels; et pourriez-vous leur donner entrée dans votre cœur?

Pour les livres du sieur abbé de la Roche, et de cet autre savant dont nous avons lu tout-à-l'heure le discours à l'académie enveloppant un mou de veau que vous avez eu la bonté de nous faire donner, quel est donc le grand mal que les souris mangent un peu de leurs bouquins? A quoi leur servent toutes leurs lectures? Depuis qu'ils vivent auprès de vous, ne doivent-ils pas s'être pleinement convaincus de l'inutilité du savoir. Ils vous voient bonne, sans le secours d'aucun *Traité de Morale*; aimable, sans avoir lu *L'art de plaire* de notre historiographe Moncrif; et heureuse, sans connaître le *Traité du bonheur* du malheureux Maupertuis: en même temps qu'ils sont les témoins journaliers de votre profonde ignorance. Ils savent beaucoup de choses; mais ils ignorent l'art que vous savez si bien de vous passer de rien savoir. Votre orthographe n'est pas beaucoup meilleure que la nôtre, et votre écriture ne vaut pas mieux que notre griffonnage. Vous écrivez *boneure* pour bonheur; mais vous possédez la chose sans savoir comment son nom s'écrit. Enfin, ce bonheur même qu'ils ne savent pas puiser dans leurs livres, du haut de votre ignorance, vous le répandez sur eux. Les souris ne leur font donc pas un si grand tort.

Quant aux mules de mademoiselle Luillier, pour peu qu'elle voulût aller moins lentement, les souris ne lui mangeraient pas les pieds; et il est étrange qu'on nous condamne à la mort parce que votre femme de chambre n'a guères plus de mouvement qu'un limaçon.

A MADAME HELVÉTIUS.

Ces raisons si fortes ne sont pas encore les seules qui peuvent nous excuser envers vous des dégâts que les souris font dans votre maison.

Ah! très illustre dame, en quelle conscience peut-on se plaindre de ce que nous ne prenons pas vos souris, lorsque vous avez sans cesse auprès de vous deux monstres altérés de notre sang, qui ne nous permettent pas d'approcher de votre chère personne, comme la reconnaissance et le devoir nous y porteraient? Deux chiens, c'est tout dire, animaux nourris dans la haine des chats; dont les aboiemens continuels nous remplissent de terreur. Comment ose-t-on nous reprocher de nous tenir éloignés des lieux où règnent ces animaux féroces, en qui la nature a mis l'aversion pour notre race et la force pour la détruire? Encore si nous n'avions affaire qu'à des chiens français; leur haine ne serait pas si active, leur férocité serait moindre ; mais vous êtes toujours accompagnée d'un Bull-dog que vous avez fait venir d'Angleterre, (au mépris des sages dispositions de M. le Contrôleur-général) et qui nous hait doublement, comme chats français. Nous voyons, sous nos yeux, tous les jours, les cruels effets de sa rage dans la queue dépouillée de notre frère *le Noir*. Notre zèle pour votre service, et même le goût que nous avons pour les souris, nous conduiraient à la chasse dans vos appartemens, si nous n'en étions pas bannis par ces ennemis redoutables que vous en avez rendus les maîtres. Qu'on cesse donc de nous reprocher les désordres que causent chez vous les souris, puisqu'on nous met dans l'impossibilité de les réprimer.

Hélas! ils ne sont plus ces temps heureux, où l'illustre chat *Pompon* régnait dans ces mêmes lieux, dormait sur vos genoux, et reposait sur votre couche; où cette

Zémire, aujourd'hui si ardente à nous chasser de chez vous, et qui entre en fureur au seul mot de chat, faisait humblement sa cour au favori dont elle occupe aujourd'hui la place. Alors nous marchions la queue levée dans toute la maison. Feu M. Pompon daignait quelquefois partager avec le dernier d'entre nous les lapins que Sa Majesté lui envoyait de sa chasse, et à l'ombre du crédit de cet illustre favori, nous jouissions de quelque paix et de quelque bonheur. Cet heureux temps n'est plus ; nous vivons sous un règne de *chien*, et nous regrettons sans cesse le chat sous l'empire duquel nous avons coulé de si beaux jours! Aussi allons-nous toutes les nuits arroser de nos pleurs le pied du cyprès qui couvre sa tombe.

Ah! très illustre dame, que le souvenir du chat que vous avez tant aimé vous touche au moins de quelque pitié pour nous. Nous ne sommes pas à la vérité de sa race, puisqu'il fut voué dès sa jeunesse à la chasteté; mais nous sommes de son espèce. Ses mânes, errant encore dans ces lieux, vous demandent la révocation de l'ordre sanguinaire qui menace nos jours; nous employerons tous ceux que vous conserverez à vous miauler notre vive reconnaissance, et nous la transmettrons aux cœurs de nos enfants, et des enfants de nos enfants.

LE LEVER OU LES COURTISANS.

Dans le premier chapitre de Job, nous avons une relation de ce qu'on dit s'être passé à la cour, ou *au lever* du meilleur de tous les princes, de tous les monarques possibles, de Dieu lui-même.

A ce *lever*, auquel se trouvèrent rassemblés les enfans de Dieu, Satan parut aussi.

Il est probable que l'auteur de cet ancien livre a emprunté l'idée de ce *lever* à ceux des monarques d'Orient dans l'âge desquels il vivait.

Il est aujourd'hui d'usage, aux *levers* des princes, d'y trouver réunies des personnes ennemies les unes des autres, qui, pour arriver à la faveur, chuchottent des diffamations et des calomnies, et travaillent à faire tomber ceux qui se distinguent par leur vertu et leur mérite ; et les rois adressent, d'ordinaire, une ou deux questions familières à chacune des personnes du cercle, uniquement pour donner signe d'affabilité. Cette relation met très bien ces particularités en évidence.

Si, par exemple, un roi moderne remarque au cercle un personnage qui, dernièrement, ne s'y soit pas rendu, il est naturel qu'il lui demande comment il a passé son temps depuis la dernière fois qu'on a eu le plaisir de le voir. Peut-être le gentilhomme répondra-t-il qu'il est allé à la campagne, inspecter ses propriétés, et visiter quelques amis. Ainsi, Satan, interrogé où il a été, répond : « Qu'il est allé sur la terre, « de côté et d'autre, et l'a parcourue çà et « là. » Interrogé de nouveau s'il a remarqué la droiture et la fidélité de Job, serviteur du prince, il déploie aussitôt toute la malignité d'un rusé courtisan, en répondant par une autre question : « Job sert-il Dieu pour rien ? Ne lui avez-vous pas donné son immense richesse, avec votre protection pour la posséder ? Privez-le de tant de biens, et il vous maudira en face. » Ou bien, en langage moderne : Que Votre Majesté lui ôte ses pensions et ses places, et elle le verra bientôt dans l'opposition.

Cette insinuation contre Job eut son effet. Il fut livré au pouvoir de son adversaire, qui le dépouilla de sa fortune, détruisit sa famille, et le ruina de fond en comble.

Le livre de Job est nommé par les théologiens un poème sacré, et il passe, comme le reste des saintes écritures, pour avoir été écrit dans la vue de notre instruction.

Quelle est donc l'instruction à recueillir de cette relation allégorique ?

De ne pas nous en reposer sur une seule personne pour la responsabilité du gouvernement de nos états. Car, si Dieu lui-même, agissant comme monarque, donne pour un temps accès à la calomnie, et lui permet d'opérer la ruine du meilleur de ses sujets, que de torts n'aurons-nous pas à attendre d'un pouvoir aussi absolu, mis dans la main d'un simple mortel, serait-il de tous les mortels le plus accompli, lorsque la vue de la vérité lui sera dérobée avec adresse, et le masque trompeur du mensonge présenté à sa place, par des courtisans artificieux, intéressés et perfides ?

D'être plein de circonspection lorsque l'on confie à un seul homme des pouvoirs même limités, de peur que, tôt ou tard il ne sappe et ne détruise ces limites, et ne se rende absolu.

En effet, disposant des places, il s'attache tous ceux qui les occupent, ainsi que leur nombreuse clientelle, et tous ceux qui en attendent ou qui en sollicitent, ce qui lui compose un fort parti pour le succès de ses vues ; diverses combinaisons d'engagemens politiques, avec les états et les princes voisins, lui assurent leur aide pour l'établissement de son pouvoir personnel : en telle sorte que, par l'espérance des profits à faire pour une partie de ses sujets, et par la crainte de son ressentiment pour l'autre partie, il voit tomber devant lui toute opposition.

Projet d'une nouvelle traduction de la Bible.

A ***, imprimeur.

Monsieur,

Il y a maintenant plus de cent-soixante-dix ans que notre traduction vulgaire de la Bible a été faite. Depuis ce temps le langage a beaucoup changé, et le style en a vieilli ; ce qui le rend moins agréable, et ce qui, peut-être, est une des raisons qui a fait négliger si fort, depuis quelque temps, la lecture de cet excellent livre. J'ai donc pensé qu'il serait utile de donner une nouvelle traduction, dans laquelle, en conservant le sens, on donnerait aux tours de phrases et aux expressions une physionomie moderne. Je ne prétends pas avoir les talens nécessaires pour exécuter moi-même un pareil ouvrage; je livre cette idée à la méditation des gens instruits, et je me risque seulement à vous envoyer quelques versets du premier chapitre de Job, qui pourront donner un échantillon du genre de traduction que je vous recommande.

Fragment du premier chapitre de Job, en langage moderne.

ANCIEN TEXTE. *	NOUV. TRADUCTION.
Vers. 6. Or, les enfans de Dieu s'étant un jour présentés devant le Seigneur, Satan se trouva aussi parmi eux.	Vers. 6. Or, un lever ayant eu lieu dans les cieux, toute la noblesse de Dieu vint à la cour, et lui fut présentée; et Satan se montra aussi au cercle, comme un des ministres.
7. Le Seigneur lui	7. Le Seigneur lui

* On a suivi ici, pour le texte, la traduction française de Le Maistre de Sacy.

ANCIEN TEXTE.	NOUV. TRADUCTION.
dit : D'où viens-tu ? Il lui répondit : J'ai fait le tour de la terre, et je l'ai parcourue tout entière.	dit : Vous avez été quelque temps absent : où donc étiez-vous ? Et Satan répondit : J'ai été à ma campagne, et faire plusieurs visites à mes amis.
8. Le Seigneur ajouta : N'as-tu point considéré mon serviteur Job, qui n'a point d'égal sur la terre, qui est un homme simple et droit de cœur, qui craint Dieu, et fuit le mal ?	8. Le Seigneur ajouta : Eh bien ! que pensez-vous de De Job ? Vous savez que c'est mon meilleur ami ; un parfait honnête homme, plein de respect pour ma personne, et évitant tout ce qui pourrait m'offenser.
9. Satan lui répondit : Est-ce en vain que Job craint Dieu ?	9. Satan répondit : Votre Majesté imagine-t-elle que cette bonne conduite soit l'effet d'un attachement bien pur et d'une affection désintéressée ?

92 LE LEVER, OU LES COURTISANS.

ANCIEN TEXTE.	NOUV. TRADUCTION.
10. N'avez-vous pas remparé de toutes parts, et sa personne et sa maison, et tous ses biens ? N'avez-vous pas béni les œuvres de ses mains ? Et tout ce qu'il possède ne se multiplie-t-il pas de plus en plus sur la terre?	10. Votre Majesté n'a-t-elle pas daigné l'honorer de ses bontés ? Ne l'a-t-elle pas comblé ? au point qu'il est énormément riche.
11. Mais étendez un peu votre main, et frappez tout ce qui est à lui, et vous verrez s'il ne vous maudira pas en face.	11. On peut l'éprouver. Pour peu que vous lui retiriez votre faveur, que vous lui ôtiez ses places, que vous supprimiez ses pensions, vous le trouverez bientôt dans l'opposition.

LE NAUFRAGE,
OU LES PIÈGES DIPLOMATIQUES. *

La scène se passe dans la baie de la montagne. On y voit un vaisseau à l'ancre pendant un grand orage ; des rochers hérissent la côte où le vent donne ; elle est couverte par une multitude munie de chariots, disposée à dépecer le bâtiment naufragé, à assommer l'équipage et à emporter le butin, (conformément à l'usage).

Premier voleur. Ce vaisseau résiste plus

* Extrait d'une lettre du 3 février 1779, en réponse à des propositions faites par l'Angleterre pour engager les Américains à rompre leur alliance avec la France.

long-temps que je ne l'aurais cru; il faut que son ancre et ses câbles soient bons.

Deuxième voleur. Nous ferions mieux de lui envoyer un bateau, et de lui persuader de prendre un pilote qui le ferait ensuite échouer à l'endroit de la côte où nous pourrions l'atteindre le mieux.

Troisième voleur. Je ne crois pas qu'un bateau puisse se hasarder sur cette mer; mais s'il est parmi nous quelques braves qui veuillent risquer leur vie pour le bien public, et dans l'espoir d'une double part de butin, qu'ils paraissent!

Plusieurs voleurs. Me voici! me voici! me voici!

(*Le bateau part et arrive sous la poupe du vaisseau.*)

Un des voleurs, prenant la parole. Oh! eh! le vaisseau! Oh! ah! ah!

Le capitaine du vaisseau. Que me voulez-vous?

Le voleur. Désirez-vous un pilote?

Le capitaine. Non, non!

Le voleur. Capitaine, la bourasque est rude... vous êtes en danger.

Le capitaine. Je le sais.

Le voleur. Voulez-vous acheter un meilleur câble; nous en avons un ici dans ce bateau.

Le capitaine. Combien en demandez-vous?

Le voleur. Coupez le vôtre ; je vous dirai le prix de l'autre après.

Le capitaine. Ah! je ne ferai pas cette sottise. Nous avons autrefois vécu ensemble, et je vous connais trop bien pour vous croire. Loin de mon câble! je crois que vous voulez le couper vous-mêmes? Si vous approchez, je fais feu sur vous, et je vous coule à fond.

Le voleur. C'est un maudit câble français tout pourri, qui se cassera dans une demi-heure. Que deviendrez-vous alors, capitaine ? Vous ferez mieux d'accepter notre offre.

Le capitaine. Votre offre, drôles ! Vous ne voulez que nous tromper et nous perdre. Mon cable est bon et fort, et il tiendra assez long-temps pour déconcerter tous vos projets.

Le voleur. Quel ton dur vous prenez, capitaine, envers des gens qui ne sont venus ici que pour votre bien !

Le capitaine. Pour notre *bien !* Oui sans doute ; mais, avec la grâce de Dieu, vous n'y toucherez pas. Vous ne ferez pas de nous comme des Indiens.

Le voleur à ses camarades. Allons, compagnons, au large ; le gaillard n'est pas si bête que nous l'espérions.

LE BATON OU LES GARANTIES POLITIQUES. *

A ayant une canne à la main, rencontre son voisin B, qui se trouve n'en point avoir. Le premier profite de son avantage pour donner au second une vigoureuse bastonnade. Mais B s'est procuré un bâton ; il revient et se met en devoir de rendre les coups qu'il a reçus. A lui dit : « mon vieil ami, pourquoi nous quereller? Nous sommes voisins, vivons en bonne intelligence, et paisiblement, à côté l'un de l'autre, comme nous avons coutume de le

* Extrait d'une lettre à Robert Livingston, datée de Passy, le 12 avril 1782.

faire. Si B se paye de ces raisons, s'il met de côté son bâton, ses autres voisins, et A tout le premier, se moqueront de lui.

SUR L'ORDRE DE CINCINNATUS ET LA
NOBLESSE HÉRÉDITAIRE. *

Ma chère enfant,

Votre attention de m'envoyer les gazettes me fait grand plaisir. J'ai reçu, par le capitaine Barney, celles qui parlent de *l'ordre de Cincinnatus*. Mon opinion, sur cette institution, ne peut être d'une grande importance; je suis seulement surpris que, lorsque la sagesse réunie de notre nation a manifesté dans les articles de la Confédération son éloignement contre l'établis-

* Lettre écrite de Passy le 26 janvier 1784, à madame Bache, sa fille, mariée à un négociant de Philadelphie.

sement d'une noblesse, il se trouve des personnes qui, avec l'autorisation du Congrès, ou celle d'un des états, songent à se distinguer, elles et leur postérité, du reste de leurs concitoyens, et à former *un ordre de noblesse héréditaire* qui se trouve si formellement en opposition avec la déclaration solennelle des sentimens de leur pays. J'imagine que ce projet est également désapprouvé par le bon sens d'un grand nombre de ceux qui ont eu la condescendance de se laisser aller à l'opinion de ses auteurs, trop éblouis par les rubans et les croix qu'ils ont vus pendre à la boutonnière des officiers étrangers. Je suppose que ceux qui sont d'une opinion contraire n'y ont pas mis jusqu'ici une grande opposition, par une principe pareil à celui de votre bonne mère qui disait, en parlant des personnes susceptibles, toujours disposées à tenir aux moindres marques de respect : *Pourquoi leur refuser ces misères qui leur font tant de plaisir?* Si l'on m'eût demandé mon avis, peut-être, sous ce point de vue, ne me serais-je point opposé à ce qu'on les laissât porter leur ruban et se chamarrer à leur guise; mais certainement je me serais opposé à ce que cette distinction fût transmise par substitution à leur postérité. En effet, une distinction méritée, comme celle de nos officiers, par exemple, est, de sa nature, *personnelle*, et ne peut se communiquer à ceux qui n'ont rien fait pour l'obtenir. Chez les Chinois, la plus sage de toutes les nations par sa longue expérience, l'honneur ne *descend pas, il remonte*. Si un homme, en récompense de son savoir, de sa sagesse ou de sa valeur, est élevé par l'Empereur au rang de mandarin, ses père et mère ont droit, par cela seul, à toutes les cérémonies et marques de respect dues au mandarin lui-même; on suppose que c'est par l'éducation, l'instruction et les bons exemples qu'il a reçus de ses parens, qu'il s'est trouvé en état de servir son pays. Cet *honneur ascendant* est donc avantageux à l'état, parce qu'il encourage les pères et mères à donner à leurs enfans une bonne et vertueuse éducation. Mais *l'honneur descendant*, transmis à une postérité qui n'a rien fait pour le mériter, est, non-seulement injuste et absurde, mais souvent même nuisible à cette postérité, puisqu'elle lui inspire de l'orgueil et le dédain des arts utiles; ce qui la conduit à la pauvreté et à l'état de misère, d'asservissement et de bassesse qui en est la suite; état dans lequel se trouve maintenant une grande partie de ce qu'on appelle *noblesse* en Europe. D'un autre côté, si, pour soutenir la dignité de la famille, les fortunes sont transmises par des *substitutions* au fils aîné, il sort de là, pour l'industrie, et pour l'agriculture, un autre fléau, accompagné de tout cet odieux mélange d'orgueil, de fainéantise et de mendicité qui a dépeuplé et rendu inculte la moitié de l'Espagne : je veux parler des extinctions continuelles des familles, suite du peu d'encouragement que trouvent les mariages, et de la négligence apportée à l'amélioration des biens. Je souhaite donc que les chevaliers de Cincinnatus, s'ils poursuivent leur projet, décident que les signes de leur ordre seront portés par leurs pères et mères, au lieu d'être transmis à leurs enfans. Ce serait un bon exemple qui pourrait produire de bons effets. Ce serait aussi une manière d'obéir au quatrième commandement de Dieu qui nous dit : *Tes père et mère honoreras*, mais qui ne nous enjoint pas d'honorer nos enfans ; et certainement il n'existe aucun moyen plus efficace pour *honorer* les auteurs de nos jours, que de faire des actions dignes d'éloges, dont l'honneur rejaillisse sur eux, de qui nous tenons notre éducation ; rien n'est plus convenable, que de manifester, par quelque témoignage public, que c'est à leurs leçons et à leurs exemples que nous rapportons le mérite de ces actions.

Quant à l'absurdité des *honneurs descendans*, ce n'est pas sous le rapport philosophique seulement qu'elle est prouvée; elle est susceptible encore d'une démonstration mathématique. Un fils n'appartient que pour moitié à la famille de son père, l'autre moitié appartenant à la famille de sa mère. Ce fils s'alliant à une autre famille, le petit-fils n'en conserve qu'un quart; et, en suivant le même procédé, il n'en resterait qu'un 8e dans l'arrière petit-fils; dans la génération suivante qu'un 16e; dans celle d'après un 32e, et successivement un 64e, un 128e, un 256e, un 512e. Ainsi, en neuf générations, qui ne comprennent guère qu'un espace de trois cents ans, ce qui n'est pas une grande ancienneté pour une famille, il n'existerait, de la noblesse actuelle de notre chevalier de Cincinnatus, dans la personne de celui qui en porterait le signe, que la 512ᵉ partie. Ce résultat, en admettant que la fidélité des Américaines se perpétue pendant ces neuf générations aussi intacte que celle des femmes d'aujourd'hui, est, en lui-même, trop peu de chose pour qu'un homme raisonnable s'expose, dans la vue de l'obtenir, aux désagréables conséquences de la jalousie, de l'envie, et du mécontentement de ses compatriotes.

Remontons maintenant, dans nos calculs, de ce jeune noble qui n'est que la 512ᵉ partie d'un chevalier actuel, en traversant les neuf générations jusqu'à l'année de l'institution. Il a eu un père et une mère ce qui fait 2; ceux-ci avaient un père et une mère, ce qui fait 4; la génération précédente était au nombre de 8; celle d'auparavant au nombre de 16; et, en continuant de procéder ainsi, nous obtenons 32, 64, 128, 256; et, enfin, à la neuvième génération ascendante, à celle qui existe présentement, 512 individus, qui tous, maintenant, contribuent, pour leur quote part, à la création de ce futur *chevalier de Cincinnatus*. L'addition des chiffres de cette progression,

$$\begin{array}{r}2\\4\\8\\16\\32\\64\\128\\256\\512\\\hline\end{array}$$

forme un total de 1022.

Mille vingt-deux hommes et femmes pour faire un chevalier. Or, si nous devons avoir, après neuf générations, mille de ces chevaliers, le nombre des pères et mères qui, jusqu'à ce temps, auront eu à contribuer à leur production, sera de 1,022,000, à moins que, dans le nombre, plusieurs ne contribuent à faire plus d'un chevalier. Supposons donc ce double emploi, et retranchons les 22,000; puis nous examinerons si, en admettant une proportion raisonnable de vauriens, de sots, de coquins et de prostituées, nécessairement mêlés dans ce million d'ancêtres, la postérité aura grand sujet de se vanter du noble sang des chevaliers de *Cincinnatus* qui existeront alors. Aussi, les généalogistes futurs de ces chevaliers, en prouvant la filiation de leur honneur, (si l'on suppose que l'honneur soit de nature à descendre) établiront seulement combien sera mince le quotient que chacun pourra réclamer, puisque notre procédé arithmétique vient de montrer évidemment que le droit à l'honneur de l'ancêtre se divisera en proportion de l'ancienneté de la famille, et que quelques générations de plus le réduiront à peu près à rien.

J'espère donc que le nouvel ordre renoncera à la partie de son projet qui établit l'hérédité, et que ces chevaliers se contenteront, comme ceux de la Jarretière, du Bain, du Chardon, de Saint-Louis, et des autres ordres d'Europe, de la jouissance viagère de leur petite décoration et de leur ruban, et qu'ils consentiront à ce que cette distinction meure avec celui qui l'a méritée. Avec cette modification, j'imagine qu'il n'offensera personne. Pour ma part, je trouverai commode, quand j'irai dans un cercle où je verrai des visages inconnus, de pouvoir distinguer, à ce signe, ceux qui méritent quelques expressions particulières de respect; et cela sauvera à des hommes modestes l'embarras de provoquer nos égards, en rappelant gauchement qu'ils ont servi dans notre armée de terre.

La personne qui est venue en France pour faire emplète de rubans et de médailles a rempli sa mission. Ces objets me paraissent assez bien faits; mais les choses de ce genre sont toujours critiquées. Les uns trouvent que le latin manque d'élégance et de correction, et disent que, puisque nos neuf universités n'ont pas été capables de faire de meilleur latin, il est fâcheux qu'on n'ait pas fait les devises en anglais. Les autres reprochent au titre de ne convenir guère qu'au général Washington, et à un petit nombre d'autres qui ont servi sans paie. Enfin, il y en a qui prétendent que l'aigle ne ressemble pas mal à un dindon. Quant à moi, j'aurais désiré qu'on n'eût pas choisi l'aigle pour emblême. C'est un oiseau très peu estimable, et qui se procure sa subsistance d'une manière immorale. Il se perche sur un arbre mort; et là, trop paresseux pour pêcher lui-même, il observe le faucon pendant qu'il pêche, et quand cet oiseau industrieux a enfin réussi à prendre un poisson, et qu'il le porte à son nid pour la nourriture de sa compagne et de ses petits, l'aigle fond sur lui, et le lui enlève. Toutes ces injustices ne le rendent pas plus heureux; et, semblable à ces hommes qui ne vivent que de vols et de rapines, il est ordinairement pauvre, et souvent couvert de poux. D'ailleurs, c'est un poltron fieffé; le petit *roitelet*, moins gros qu'un moineau, l'attaque audacieusement, et le force à sortir des lieux qu'il habite. Il n'est donc propre, en aucune manière, à servir d'emblème aux honnêtes et braves chevaliers de Cincinnatus, qui ont, au contraire, chassé de notre pays tous les *roitelets*, et il conviendrait beaucoup mieux à l'ordre de ceux que les Français appellent *chevaliers d'industrie*. Je ne suis donc pas fâché de ce que l'oiseau qu'on a frappé sur ces médailles ressemble plus à un dindon qu'à un aigle. Car, dans le fait, un dindon est, comparativement, un oiseau beaucoup plus estimable, et d'ailleurs, originaire d'Amérique. On a trouvé des aigles dans tous les pays; mais le dindon était particulier au nôtre; le premier qu'on a vu en Europe ayant été apporté en France par les Jésuites du Canada, et servi aux noces de Charles IX. J'ajoute que ce n'est pas un trop mauvais emblème, quoiqu'il ait l'air vain et niais; car il a du courage, et n'hésiterait point à attaquer un grenadier de la garde britannique, revêtu d'un uniforme rouge, qui envahirait sa basse-cour.

Je n'examinerai point les critiques que l'on a faites du latin de la devise. Les braves officiers américains peuvent n'être pas très bons latinistes, mais ils ont incontestablement, par leur courage, bien mérité de la patrie, qui ne devrait pas borner à la *renommée* leur *virtutis præmium*. L'autre devise, *esto perpetua*, exprime un vœu excellent, s'il s'applique au pays; mauvais, s'il s'adresse à l'ordre. Les états devraient non seulement leur rendre l'*omnia* (*) de leur première devise, plusieurs d'entre eux ayant vraiment tout abandonné et tout perdu, mais leur payer ce qui leur est dû, et les récompenser généreusement. On ne doit pas souffrir qu'avec leur nouvel ordre de chevalerie, ils se trouvent *entièrement* dans la situation de cet homme dont je me souviens, à propos de leur *omnia reliquit*. Vous savez que chaque chose me rappelle toujours quelque conte. Cet homme donc avait bâti une très belle maison, et avait par là dérangé beaucoup sa fortune. Il mettait cependant de l'orgueil à montrer cette maison à ses connaissances. Une d'elles, après avoir tout examiné, remarqua, au-dessus de la porte, cette inscription : OÏA VANITAS. Que signifie cet OÏA, dit elle?

* *Omnia*, tout. — *Omnia reliquit servare rempublicam* ; il a tout laissé pour sauver la chose publique. — *Virtutis prœmium*, prix du courage. — *Esto perpetua*, qu'il soit immortel.

C'est un mot que je ne comprends pas. — Je vous dirai, reprit le propriétaire, que je voulais placer cette inscription sur une plaque de marbre poli; mais il ne se trouvait pas assez de place entre les ornemens, pour donner aux caractères une dimension suffisante. Je m'avisai d'avoir recours à une contraction que l'on rencontre fréquemment dans les vieux manuscrits latins, et qui consiste à retrancher les *m* et *n*, en indiquant cette omission par un petit trait au-dessus, comme vous le voyez ici; en sorte que le mot est *omnia*; OMNIA VANITAS. — Oh! reprit son ami, je comprends maintenant le sens de votre devise; elle est relative à votre maison : vous avez abrégé votre *omnia*, pour étaler dans son entier votre *vanitas*.

RÉFLEXIONS SUR LE LUXE. *

Je n'ai point encore eu l'idée d'un remède contre le luxe; je ne suis pas certain que, dans un grand état, le luxe soit susceptible de remède, ni que le mal soit, en lui-même, toujours aussi grand qu'on le représente. Supposons que l'on entende, par luxe, toutes les dépenses superflues, et examinons ensuite si des lois destinées à prévenir de telles dépenses pourraient être mises à exécution dans un grand pays; et si, dans le cas où elles seraient exécutées, notre peuple en deviendrait généralement plus heureux, ou même plus riche. L'espérance d'arriver un jour à pouvoir se procurer les objets de luxe, n'est-elle pas

* Extrait d'une lettre à B. Vaughan, datée de Passy, le 26 juillet 1784.

un puissant aiguillon pour le travail et pour l'industrie ? Le luxe ne peut-il pas alors produire plus qu'il ne consomme, s'il est vrai que, faute de cet aiguillon, les hommes seraient paresseux et indolens, comme ils sont assez généralement portés à l'être? Je me rappelle, à ce propos une anecdote, que voici :

« Le patron d'une chaloupe qui naviguait entre le cap May et Philadelphie, nous avait rendu quelque petit service pour lequel il refusa tout paiement. Ma femme, sachant qu'il avait une fille, lui envoya en présent un bonnet à la mode. Trois ans après, ce patron se trouve chez moi, avec un vieux fermier du cap May, son passager ; il parle du bonnet, et dit combien il avait fait de plaisir à sa fille. Mais, ajoute-t-il, c'est un bonnet qui a coûté bien cher à notre canton. — Comment cela ? — C'est que, lorsque ma fille parut à l'assemblée, avec le bonnet, il fut tellement admiré, que toutes les filles résolurent d'en faire venir de pareils de Philadelphie; et ma femme et moi avons calculé que le tout ne peut pas avoir coûté moins de cent livres sterling. — Cela est vrai, reprit le fermier; mais vous ne contez pas toute l'histoire : je pense, moi, que le bonnet a néanmoins été avantageux pour nous; car nos jeunes filles se sont mises alors à tricoter des mitaines de laine pour les vendre à Philadelphie, afin d'avoir de quoi y acheter des bonnets et des rubans; et vous savez que cette branche d'industrie continue, et que même elle promet d'acquérir une beaucoup plus grande importance ». En somme, le résultat de cet échantillon de luxe ne m'a pas déplu; car, enfin, les jeunes filles de ce canton se sont trouvées plus heureuses en se parant de jolis bonnets, et les habitans de Philadelphie, en se fournissant de bonnes mitaines.

Dans nos villes de commerce, situées sur

la côte, il y aura des occasions de faire fortune. Quelques-uns de ceux qui deviendront riches seront prudens, vivront avec sagesse, et conserveront, pour leur postérité, ce qu'ils auront gagné. D'autres, jaloux d'étaler leur richesse, feront des extravagances, et se ruineront. Les lois ne sauraient obvier à cet inconvénient; et, peut-être, n'est ce pas toujours un mal pour le public. Un shelling, dépensé en inutilités par un fou, peut tomber dans les mains d'un sage, qui saura l'employer mieux que lui; ce shelling ne sera donc pas perdu. Un homme vain et sot bâtit une belle maison, la meuble avec magnificence, y fait de la dépense, et se ruine en peu d'années; mais les maçons, les charpentiers, les serruriers et d'autres honnêtes artisans ont trouvé, dans l'emploi de cet argent, des moyens d'entretenir et d'élever leurs familles; le fermier a été payé de son travail, et son industrie encouragée; enfin, le bien a passé en de meilleures mains.

Il est vrai que certains genres de luxe peuvent être un mal pour le public comme pour les particuliers. Supposons, par exemple, une nation qui exporterait ses bestiaux et ses toiles, pour importer du vin et du *porter*, tandis qu'une partie considérable de ses habitans vivrait de pommes de terre, et ne porterait point de chemises; quelle différence y aurait-il entre elle et l'insensé qui laisse sa famille mourir de faim, et vend ses habits pour boire?......

Un arithméticien politique a calculé que si chaque homme et chaque femme travaillaient seulement pendant quatre heures par jour à quelque chose d'utile, le résultat de ce travail suffirait pour fournir à toutes les nécessités et à toutes les douceurs de la vie; le besoin et la misère seraient bannis de la terre, et le reste des vingt-quatre heures pourrait être repos et plaisirs. D'où provient donc tant de misère? De ce qu'un grand nombre d'hommes et de femmes emploient leur temps à des ouvrages qui ne procurent ni les objets indispensables, ni les objets de luxe. Cette classe d'individus, réunie à ceux qui ne font rien, consomme les objets de première nécessité que produit la classe laborieuse. Je m'explique.

Les premiers élémens de la richesse s'obtiennent de la terre et de l'eau par le travail. J'ai un terrein, et j'y récolte du blé : si, avec ce blé, je nourris une famille qui ne fasse rien, quand mon blé sera consommé, je ne me trouverai pas, à la fin de l'année, plus riche que je ne l'étais au commencement. Si, au contraire, tandis que je nourris les individus qui composent ma famille, j'occupe les uns à filer, les autres à couper du bois et à scier des planches, d'autres à faire de la brique pour bâtir, l'équivalent de mon blé me restera, et, à la fin de l'année, nous serons tous mieux vêtus et mieux logés. Mais si, au lieu d'occuper un homme, que je nourris, à faire de la brique, je l'emploie à me jouer du violon, le blé qu'il mange est perdu, et il ne reste rien de son industrie pour augmenter la richesse et l'aisance de ma famille; je serai donc d'autant plus pauvre, à moins que le reste de ma famille ne travaille davantage, ou ne mange moins, pour combler le déficit que le joueur de violon occasionne.

Regardez le monde; voyez ces millions d'individus employés à ne faire rien, ou à peu-près rien, tandis qu'il y a demande des objets nécessaires ou utiles à la vie. Sur quelle base repose ce commerce, pour lequel nous nous battons et nous nous détruisons les uns les autres? Sur les fatigues de plusieurs millions d'hommes, s'évertuant pour des superfluités qu'il faut conquérir au milieu des hasards, au prix de mille vies, et à travers les continuels dangers de la mer. Que de travaux dépensés, pour construire et pour équiper les grands bâtimens qui vont à la Chine et en Arabie chercher le thé et le café; aux Indes occidentales, le sucre; en Amérique, le tabac! Voilà de ces choses qui ne peuvent être appelées les besoins de la vie, puisque nos pères vivaient très bien sans cela.

Mais, demandera-t-on, tout ce monde, actuellement occupé à produire, à fabriquer, à transporter des objets de luxe, pourrait-il subsister en s'attachant à la production des objets de première nécessité? Je crois qu'il le pourrait. Le monde est grand, et il en reste encore une grande partie sans culture. Plusieurs centaines de millions d'acres de terre en Asie, en Afrique et en Amérique, sont couverts de forêts, et on en trouve même beaucoup en Europe. Avec cent acres de ces forêts, un homme pourrait devenir un gros fermier;

et cent mille hommes, tels que les cent mille perruquiers français *, qui travailleraient à défricher chacun cent acres, auraient de la peine à défricher un coin de terre assez considérable pour être vu de la lune, à moins que ce ne fût avec le télescope d'Herschell; tant sont vastes les contrées encore sans culture.

* Le bon sens de Franklin était choqué de voir les Français perdre, à leur coiffure, tant d'hommes, de temps et d'argent. On lira sans doute avec plaisir, à ce sujet, l'extrait suivant d'une lettre qu'il adressait à une dame anglaise, le 8 février 1777.

« Je sais que vous désirez me voir, mais comme vous ne le pouvez pas, je vais vous faire mon portrait. Figurez-vous un homme aussi gai que vous l'avez vu, aussi fort et aussi bien portant, seulement avec quelques années de plus, mis très-simplement, portant tout plats ses cheveux gris et clairsemés qui dépassent un peu un beau bonnet fourré, sa seule *coiffure*, lequel descend sur le front jusqu'à une paire de besicles.

Néanmoins on éprouve quelque consolation en remarquant qu'au total la masse d'industrie et de prudence, parmi les hommes, l'emporte sur celle de la vanité et de la folie. C'est de là que vient cet accroissement de bons édifices, de fermes bien cultivées, de cités populeuses et riches, qui couvrent toute l'Europe, et que

Imaginez l'effet de ce costume au milieu des têtes poudrées de Paris. Je voudrais que toutes les dames et tous les hommes, en France, eussent seulement la bonté d'adopter ma mode, de se peigner eux-mêmes comme moi, de renvoyer leurs *friseurs*, et de me compter la moitié de l'argent qu'ils leur paient. Vous voyez que le beau monde pourrait très bien faire ce sacrifice. J'enrôlerais alors ces *friseurs*, qui forment au moins cent mille hommes; avec l'argent dont j'ai parlé je les entretiendrais, et je ferais avec eux une visite en Angleterre, pour accommoder les têtes de vos ministres et de vos conseillers privés, que je crois, en ce moment, *un peu dérangées.* »

l'on eût vainement, il y a quelques générations, cherchés ailleurs que sur les côtes de la Méditerranée ; et tout cela, malgré la fureur des guerres incessamment déchaînées, qui ont souvent détruit, en une seule année, l'ouvrage de plusieurs années de paix. Nous pouvons donc espérer que le luxe de quelques négocians de nos villes maritimes n'entraînera pas la ruine de l'Amérique.

Encore une réflexion, et je termine. Presque toutes les parties de notre corps exigent quelque dépense. Il faut des souliers pour les pieds, des bas pour les jambes, des habits pour le reste du corps, et une nourriture abondante pour l'estomac; nos yeux, quoiqu'extrêmement utiles, ne demandent, quand cela est raisonnable, que le secours peu dispendieux d'*une paire de lunettes*, emplette qui ne saurait déranger beaucoup nos finances; mais ce sont *les yeux des autres* qui nous ruinent. Si tout le monde était aveugle, excepté moi, je n'aurais besoin ni de beaux habits, ni de belles maisons, ni de beaux meubles.

SUR LE PRIX DU BLÉ ET SUR L'ADMINISTRATION DES PAUVRES. *

A Messieurs du Public.

J'appartiens à la classe qui vous nourrit tous, et qui est maintenant froissée par vous tous : je suis *fermier*.

Nous avons appris par vos journaux que Dieu n'a envoyé qu'une très faible moisson à quelques autres contrées de l'Europe. C'est-là, je crois, une faveur qu'il a voulu accorder à la vieille Angleterre, et je pense que nous pourrons maintenant avoir un bon prix de notre grain, ce qui nous rapportera des millions, et nous fera nager

* Ce morceau a été publié dans le *London Chronicle*, en 1766.

dans l'argent; bonheur assurément rare pour nous.

— Mais la sagesse du gouvernement a défendu l'exportation.

— Fort bien; lorsque nous obtiendrons sur les marchés de l'intérieur un prix satisfaisant.

— Non, répondent messieurs de la populace, il n'en sera rien. Apportez votre blé au marché, si vous l'osez; nous vous l'acheterons à bas prix, ou nous le prendrons pour rien.

Ainsi attaqué par les deux extrémités sociales, par la tête et par la queue de l'État, que dois-je faire?

Faut-il donc garder mon blé dans mes greniers, pour nourrir les rats et multiplier l'espèce? Soit; ils n'en auront pas moins de reconnaissance que les gens habitués à être nourris par moi.

Doit-on, par privilège, nous envier, à nous autres fermiers, les profits d'un honnête travail? Et pourquoi? Un des derniers des écrivassiers qui ont noirci contre nous leur plume, donne une liste du menu de la noce de ma fille, et proclame, à la face du monde, que nous avons eu l'insolence de manger du bœuf et du pudding!

— Il n'a pas lu le précepte des livres saints : Tu ne museleras pas la bouche du bœuf qui cultive ton blé. Ou bien pense-t-il que nous méritons moins que nos bœufs de bien vivre?

— Oh! mais les manufacturiers! les manufacturiers! il faut les favoriser, et qu'ils aient du pain à bas prix!

— Entendons-nous, M. Lourdaut. Les fermiers vivent splendidement, dites-vous? Mais, de grâce, aimeriez-vous mieux qu'ils accumulassent l'argent qu'ils gagnent? Leurs beaux habits, leurs beaux meubles, les font-ils eux-mêmes pour leur usage ou pour celui des fermiers leurs confrères, et, de cette manière, gardent-ils entre eux leur argent ? ou bien emploient-ils au contraire les manufacturiers, vos favoris, et, par-là, versent-ils de nouveau leur argent dans toute la population ?

La laine me produirait un meilleur prix si on la laissait exporter sur les marchés étrangers ; mais, messieurs du public, c'est ce que vos lois ne permettront pas. Il vaut mieux la garder toute à l'intérieur, afin que vos *chers* manufacturiers puissent se la procurer à plus bas prix. Et alors, ayant vous-mêmes ainsi diminué les encouragemens que nous trouvions pour élever des moutons, vous nous maudissez parce que le mouton est rare !

J'ai entendu mon grand-père dire que, lorsque les fermiers eurent à supporter la mesure de prohibition d'exportation de la laine, ils se persuadèrent que le manufacturier, achetant sa laine à plus bas prix, vendrait son drap meilleur marché ; mais que le diable les mit dedans. Le drap devint plus cher de jour en jour. — Comment cela ? — C'est que, vraiment, le drap s'exportait et conservait son prix.

Maintenant, si le principe en vertu duquel on prohibe l'exportation d'une denrée, pour en faire jouir la nation à meilleur marché à l'intérieur, est raisonnable, tenez-vous à ce principe, et entrez hardiment jusque dans ses dernières conséquences. Prohibez l'exportation de vos draps, de vos cuirs, de vos chaussures, de vos fers, de vos fabrications de toute espèce, pour qu'à l'intérieur on se procure à meilleur marché tous ces produits. Ils seront assez bon marché, je vous en réponds, jusqu'à ce qu'enfin on renonce tout-à-fait à les fabriquer.

Certaines gens semblent croire qu'ils n'auront d'aisance que lorsque l'Angleterre sera devenue un autre pays de Cocagne, où les rues seront pavées de petits pains, les maisons bâties d'omelettes, et où des poulets, tout rôtis, crieront : venez me manger !

Je dis que lorsqu'on est sûr d'être en possession d'un bon principe, il faut s'y tenir et en suivre les conséquences. J'ai entendu ce double propos : que quoiqu'il fût *nécessaire et juste*, de la part du ministère, de frapper de prohibition l'exportation du blé, cette mesure cependant était *contraire à la loi*; et, aussi, que quoiqu'il fût *contraire à la loi*, de la part de la populace, d'arrêter les convois, cet acte cependant était *nécessaire et juste*. Tout cela est précisément la même chose. Maintenant on me dit qu'un bill d'indemnité doit être passé en faveur du ministère, pour le garantir contre les conséquences d'un acte illégal : s'il en est ainsi, il faudra un autre bill en faveur de la populace. D'autres disent que quelques individus de la populace doivent être pendus pour l'exemple : s'il en est ainsi, je me contenterai de répéter ce que j'ai déjà dit :

Lorsqu'on est sûr que le principe est bon, il faut en suivre les conséquences.

— Vous dites que les pauvres ouvriers n'auront pas le moyen d'acheter le pain à un prix élevé, à moins qu'on n'élève leur salaire. — Cela est possible. Mais comment nous, fermiers, aurons-nous le moyen d'élever les gages de nos ouvriers, si vous ne nous permettez pas de gagner, lorsque nous le pouvons, un plus haut prix de notre blé ?

D'après tout ce que je puis savoir, nous aurions eu un excédent d'au moins une guinée par *quarter*, si l'exportation eût été permise. Et cet argent, l'Angleterre l'aurait gagné sur les étrangers.

Mais il semble que ce soit en diminuant d'autant la part du fermier, qu'il faille arriver au bon marché que l'on veut obtenir pour le pauvre.

Un pareil système équivaut à une taxe pour le maintien des pauvres. — Excellente chose, direz-vous. — Mais je réponds : Pourquoi une taxe partiale ? pourquoi l'imposer seulement sur nous autres fermiers ? Si c'est une bonne chose, de grâce, messieurs du public, prenez-en votre part, en nous indemnisant un peu sur votre trésor public. En faisant une bonne chose, il y a en même temps honneur et plaisir ; vous êtes les bienvenus à prendre votre part de l'un et de l'autre.

Pour mon compte, je ne suis pas très satisfait de la bonté de la chose. Je suis d'avis de faire du bien aux pauvres, mais je diffère sur les moyens. Je pense que la meilleure manière de faire du bien aux pauvres n'est pas de les mettre à l'aise *dans* la pauvreté, mais de les conduire, de les tirer hors de cet état. Dans ma jeunesse, j'ai beaucoup voyagé, et j'ai observé dans différens pays que plus il y a de secours publics disposés en faveur des pauvres, moins ils songent à se secourir eux-mêmes, et plus ils tombent de mal en pis. Et au contraire, moins on fait pour eux, plus ils font pour eux-mêmes et deviennent riches. Il n'existe aucun pays dans le monde où il y ait autant de secours établis pour eux, autant d'hôpitaux fondés et entretenus par les dons volontaires de la charité pour les recevoir lorsqu'ils sont malades ou estropiés; autant de maisons de refuge pour les vieillards des deux sexes; où, par une loi solennelle, faite par les riches, les fortunes soient soumises à une taxe pesante affectée au soutien des pauvres. Avec toutes ces obligations, nos pauvres sont-ils humbles, modestes, reconnaissans? Emploient-ils tous leurs efforts à s'entretenir eux-mêmes, et à alléger ce fardeau qui charge nos épaules? Au contraire, j'affirme qu'il n'existe point de pays dans le monde où les pauvres aient plus de nonchalance, de libertinage, d'ivrognerie, d'insolence. Le jour où vous avez passé cet acte, vous avez fait disparaître de devant leurs yeux le plus puissant de tous les encouragemens au travail, à l'économie, à la sobriété, en leur donnant confiance sur quelque autre chose que sur l'habitude soigneuse d'amasser pendant le temps de la jeunesse et de la santé, pour la vieillesse et la maladie. En un mot, vous avez offert une récompense pour l'encouragement de la paresse, et vous ne devez pas vous étonner maintenant qu'elle ait porté ses fruits par l'accroissement de la pauvreté. Rapportez cette loi, et vous apercevrez bientôt un changement dans leur vie. *Saint-Lundi* et *Saint-Mardi* cesseront d'être fêtés. L'ancien commandement: *Vous travaillerez durant six jours*, tombé depuis long-temps en désuétude, comme trop vieux, sera regardé de nouveau comme un précepte respectable. Le travail augmentera, et avec lui l'abondance chez le plus bas peuple; leurs habitudes se corrigeront; et on aura plus fait pour leur bonheur, en les accoutumant à se suffire à eux-mêmes, qu'on ne pourrait faire en leur distribuant la totalité de vos fortunes.

Excusez-moi, messieurs du public, si, sur ce sujet intéressant, je vous cause l'embarras de lire un peu de *mes* sottises; je suis sûr d'avoir lu dernièrement un grand nombre des *vôtres;* en conséquence, j'attends de vous, ou du moins de ceux d'entre vous qui sont auteurs, un peu d'indulgence. Votre, etc.

ARATOR.

NOTE SUR LE COMMERCE ET LES MANUFACTURES.[*]

Supposez un pays X, avec trois manufactures, par exemple : de *drap*, de *soie*, de *fer*, ayant l'approvisionnement de trois autres pays A, B, C, mais, desirant augmenter la vente, et élever le prix du *drap*, en faveur des seuls fabricans de drap.

En conséquence, on prohibe les draps venant de A.

A, par représailles, prohibe les soieries de X.

Il suit de là que les fabricans de soieries se plaignent de la diminution du commerce.

Cependant, X, pour les satisfaire, prohibe les soieries de B.

[*] Londres, 7 juillet 1767.

B, par représailles, prohibe les fers forgés de X.

Il suit de là que les maîtres de forges se plaignent de la diminution du commerce.

Alors, X prohibe les fers provenant de C.

C, par représailles, prohibe les draps de X.

Qu'est-il résulté de toutes ces prohibitions ?

Réponse. — Chacun des quatre pays a éprouvé une diminution dans la masse commune des jouissances et des commodités de la vie.

CONTRE LA PRESSE DES MATELOTS.

Remarques écrites au crayon en marge d'un exemplaire de l'opinion donnée en faveur de la presse des matelots, par le juge Forster, et imprimée en 1762.

« P. 157. La seule question maintenant est de
« savoir si les matelots, qui ont librement choisi
« la vie de la mer, dont l'éducation et l'exis-
« tence ont été accommodées à ce service, et s'y
« sont endurcies, ne peuvent pas être légalement
« *pressés* pour le service de la Couronne, lorsque
« le salut public le requiert : *ne quid detrimenti*
« *respublica capiat.*

« Pour ma part, je suis d'avis de l'affirmative.
« Je pense que la Couronne a un droit pour
« commander le service de ces individus, lors-
« que le salut public le demande. C'est le même
« droit que celui qu'elle a de requérir le service

« personnel de tout homme (1) capable de por-
« ter les armes en cas d'une invasion soudaine
« ou d'une insurrection formidable.

« ..... Le seul moyen pour la Couronne, est
« *d'employer* (2) dans les occasions extraordi-

---

(1) Cette conclusion du *tout* à une *partie*, ne semble pas d'une bonne logique. Lorsque le service personnel de *tout homme* est mis en réquisition, alors il y a égalité de charge ; il n'en est plus de même lorsqu'il n'y a réquisition que d'une partie des citoyens, et dispense pour les autres. Si l'alphabet disait : que toutes nos lettres s'arment pour la défense générale ; il y aurait égalité, et, par conséquent, justice. Mais s'il dit : que A, B, C et D se lèvent et s'arment pour nous, tandis que nous resterons au logis et que nous dormirons à notre aise, il n'y aurait plus d'égalité, ni par conséquent plus de justice.

(2) *Employer.* — S'il vous plaît. Le mot

« naires, les matelots élevés dans la marine
« marchande.

« Quant au matelot, lorsqu'il est pris pour le
« service de la Couronne, il ne fait que changer
« de maîtres pour un temps : *son service et son*
« *occupation* (3) continuent à être les mêmes,
« avec cet avantage que les dangers de la mer et
« des ennemis sont moindres au service de la
« Couronne qu'à celui du commerce.

---

signifie engager un homme à travailler pour moi, en lui offrant des gages suffisans pour le porter à préférer mon service. Ceci est fort différent de le *contraindre* à travailler pour moi *aux conditions qui me conviennent*.

(3) Cela est faux. *Son service et son occupation* ne sont pas les mêmes. Naviguant pour le commerce, il monte un vaisseau désarmé, qui n'est point obligé à combattre, mais seulement à transporter des marchandises. Au service du roi, il est forcé de se battre, et de s'exposer à tous les

« Je sens très bien (4) la fatigue que la
« presse cause au matelot dans certains cas par-
« ticuliers, et notamment s'il est pressé en ren-
« trant au port, après un long voyage. Mais les
« négocians qui m'entendent savent que la presse,
« à bord des vaisseaux prêts à faire voile, cau-
« serait un bien plus grand embarras au com-
« merce du royaume : et encore même est-elle
« quelquefois nécessaire. Mais entre deux maux

---

dangers de la guerre. Les maladies, à bord des vaisseaux du roi, sont aussi plus communes et plus pernicieuses. On peut abandonner le service du commerce à la fin d'un voyage, mais non celui du roi. En outre, dans la marine marchande, les gages sont beaucoup plus hauts.

(4) On compare ici deux choses qui ne sont pas comparables, l'injustice commise envers les matelots, et l'embarras qu'éprouve le commerce. L'embarras du commerce de toute une nation n'autorise pas

« une administration sage, doit, s'il faut opter,
« choisir *le moindre*. (5)

« P. 159. La guerre elle-même est un grand
« mal; mais on la choisit, pour en écarter un
« plus grand. L'usage de presser est un des in-
« convéniens que la guerre amène avec elle.
« Mais *c'est un axiôme de droit, et de bonne
« police, que des maux particuliers doivent être
« supportés avec patience pour prévenir une ca-*

---

une injustice envers un seul matelot. Si le commerce est exposé à souffrir par l'absence de son service, il peut, et il doit lui offrir des gages suffisans pour décider ce matelot à un service volontaire.

(5) Le moindre mal, si l'on manque de matelots, est de leur donner un salaire suffisant pour les décider à s'enrôler volontairement. Que ce mal soit réparti sur la nation tout entière au moyen d'un impôt levé avec égalité, et destiné au paiement des salaires.

« *lamité nationale* (6) ; et si d'un côté, il ne pour-
« rait nous advenir aucune plus grande calamité
« que de rester faibles et sans défense sur mer,
« en temps de guerre ; d'un autre côté, je ne vois
« pas que la sagesse de la nation ait découvert
« jusqu'ici aucun mode de recrutement pour notre
« flotte qui offre moins d'inconvéniens (7) que la
« presse, et, en même temps qui soit aussi sûr,
« aussi efficace.

---

(6) Où trouver, dans le droit, et dans une bonne police, un pareil axiôme ? Et comment donner pour un axiôme, ce qui n'est pas conforme au sens commun? Si l'on a érigé en axiôme que les maux particuliers, lorsqu'ils préviennent une calamité nationale, doivent être généreusement réparés par la nation, on peut le comprendre. Mais que ces maux particuliers doivent être, sans plus, supportés avec patience, cela est absurde.

(7) *Moins d'inconvéniens,* pour qui? pour

DES MATELOTS.

« J'ai vu plusieurs plans.... qui, selon moi,
« sont totalement impraticables. (8)

« Le droit de la Couronne, pour presser les ma-
« telots, est fondé sur la loi commune. (9)

« Il est le résultat d'une évidente nécessité. (10)

« P. 160. Les maîtres et les matelots reçoi-
« vent de bons gages. (11)

---

le riche qui devrait payer ? Oui sans doute. Mais, pour le pauvre matelot, il est impossible d'imaginer plus d'inconvéniens aussi désastreux.

(8) L'inutilité ou les inconvéniens de vingt plans ne sauraient, en rien, justifier un plan qui est injuste.

(9) Si la presse des gens de mer est conforme à la loi commune d'Angleterre, l'esclavage y est donc autorisé par la loi commune, car il n'y a pas d'esclavage pire que celui qui pèse sur les marins.

(10) Non, si l'on peut obtenir ce résultat par l'élévation des salaires.

(11) Probablement ceux qu'ils recevaient

« P. 173. De toutes ces explications, com-
« ment ne pas conclure que la presse est utile,
« est nécessaire, est légale ? Si ces motifs ne suf-
« fisaient pas, il en est un qui, à lui seul, diri-
« gerait en ce sens l'opinion de nos législateurs,
« mais que les convenances me défendent d'arti-
« culer ici. (12)

« P. 174. Je conviens que la presse gêne
« l'exercice de la liberté naturelle..... Si
« une contrainte à la liberté naturelle, à quel-
« que degré qu'elle soit portée, paraît néces-
« saire au bien et à la prospérité de la nation

---

dans la marine marchande. De bons gages pour un matelot, en temps de guerre, sont ceux qu'il obtient, en temps de guerre, dans la marine marchande. Mais on n'en donne pas moitié sur les vaisseaux du roi aux matelots qui ont été pressés.

(12) Je courrai le risque de cette inconvenance, et j'articulerai ce motif. C'est que les législateurs ne sont point d'honnêtes gens c'est qu'ils en agissent injustement

« entière, garantie par la loi positive, et par un
« usage immémorial, on ne peut s'en plaindre
« que comme d'un mal particulier, qu'il faut (13)

---

avec les gens de mer qui n'ont pas de vote dans les élections, ou qui, s'ils en ont, ne peuvent en user lorsque des voyages les retiennent au loin ; c'est que les législateurs veulent épargner leurs propres bourses et celles de leurs commettans. Les derniers parlemens en ont usé avec la même injustice à l'égard de la classe des travailleurs qui ne jouissent pas d'un revenu foncier de quarante shellings. Après les avoir méchamment privés de leur droit de voter dans les élections, ils ont limité leurs salaires et les ont contraints à travailler à ces prix réduits, sous peine d'être envoyés dans des maisons de correction.

(13) Je ne puis apercevoir la justesse de ce *il faut*. Le mal particulier est la perte de la liberté et le risque de la vie, avec

« comme je l'ai dit en commençant, suppor-
« ter sous quelque gouvernement que ce soit

un demi-salaire, pour un grand nombre d'hommes honnêtes. L'incommodité publique se borne à payer pour les salaires un prix plus haut. Celui qui pense qu'*il faut* se résigner à une telle injustice privée pour écarter une incommodité publique peut comprendre *la loi*, mais semble peu avancé dans la connaissance de *l'équité*. Appliquons la doctrine de l'auteur à sa propre position. C'est pour le service public que des Cours de justice sont instituées, et que des juges reçoivent des salaires pour interpréter les lois. Les juges sont formés dans la connaissance de la loi, ils y sont instruits; mais l'élévation de leurs salaires est une *incommodité publique*. Afin de détruire cette incommodité, qu'on lance des prises de corps pour presser et appréhender les meilleurs gens de loi, et qu'on les

« pour écarter une incommodité publique. (14)

contraigne à servir comme juges à moitié prix de ce qu'ils auraient pu gagner au barreau. Alors dites-leur que, quoique cette mesure soit pour eux un mal particulier, *il faut* s'y soumettre pour écarter une *incommodité publique*. Notre savant juge approuverait-il cette application de sa doctrine ?

(14) Lorsque l'auteur parle de la presse, il diminue, autant qu'il le peut, l'horreur de cette coutume, en représentant un matelot comme exposé à endurer une *fatigue,* comme il l'appelle tendrement, (voyez ci-dessus p. 142) dans quelques *cas particuliers* seulement ; et il oppose à ce mal particulier l'embarras du commerce du royaume. Mais s'il arrive, et je crois le cas très fréquent, que le matelot, pressé, soit obligé de servir pour la défense du commerce au prix 25 shellings, par mois, tandis qu'il aurait trois livres et 15 shel-

lings dans la marine marchande, c'est 50 shellings que vous lui prenez par mois ; et si vous avez 100,000 de ces matelots à votre service, vous dérobez à cette classe honnête de la société, et à leurs pauvres familles, 250,000 livres sterling par mois, ou trois millions sterling par an ; et, en même temps, vous les forcez à hasarder leur vie en combattant pour la défense de votre commerce, à la défense duquel tous les citoyens devaient contribuer, et les matelots comme les autres, dans la proportion du profit que chacun en retire. Mais ces trois millions excèdent la part qu'ils auraient à fournir, quand bien même ils ne paieraient pas de leur personne ; et lorsque vous les forcez à payer de leur personne, il me semble que vous devriez les dispenser de l'autre sacrifice.

Mais, dira-t-on, pour allouer aux matelots du roi les salaires de ceux du commerce, il en coûterait trop à la nation, et il faudrait augmenter les impôts. La question est donc celle-ci : est-il juste, dans une société, que les riches contraignent les pauvres à combattre pour eux et pour leurs propriétés, moyennant le salaire qu'il plaira aux riches de déterminer, et sous peine de punition pour les pauvres s'ils refusent? Notre auteur nous dit que cela est *légal.* Je ne suis pas assez versé dans la loi pour disputer son autorité; mais je ne puis pas me persuader à moi-même que cette solution soit *équitable.* Je veux bien, toutefois, concéder, pour un instant, que la presse peut être légale, lorsqu'elle est nécessaire; mais alors je soutiens qu'on doit en user de manière à produire le même bon effet, c'est-à-dire *la sécurité publique,* sans commettre une aussi horrible injustice que celle dont on frappe les simples matelots. Pour me faire mieux comprendre, j'établirai, comme prémisses, deux observations. La première est que l'on pourrait se procurer des matelots de bonne volonté si on les payait suffisamment. La preuve en est que pour servir sur les mêmes vaisseaux, et pour courir les mêmes dangers, vous n'avez besoin de presser ni capitaines, ni lieutenans en premier, ni lieutenans en second, ni enseignes, ni quartiers-maîtres, ni autres officiers. Pourquoi? parce que les profits de leurs fonctions, ou les émolumens qu'ils en attendent, sont des appâts assez puissans. Le problème donc est de se procurer, par la presse, une somme suffisante pour n'avoir que des matelots volontaitaires, de même qu'on a des volontaires pour leurs officiers; et cela sans nouvelle charge pour le commerce. La seconde de mes prémisses est que 25 shellings par mois, avec une ration de bœuf salé, de porc et de biscuit, étant jugés suffisans pour la subsistance d'un matelot employé à des travaux pénibles, seront certaine-

DES MATELOTS. 153

ment suffisans aussi à un homme de cabinet, et à un gentilhomme. Ma proposition est donc de créer une caisse destinée à subvenir aux paiemens à faire pour engager des marins. Afin de remplir cette caisse, je presserais un certain nombre d'officiers civils qui ont à présent de gros salaires, et je les obligerais à servir dans leurs offices respectifs moyennant 25 shellings par mois, avec des rations semblables à celles des gens de mer, puis je verserais le montant de la retenue faite sur leurs salaires, dans la caisse des matelots. Si l'on me donnait à exécuter un pareil ordre, la première personne que je presserais serait un assesseur de Bristol ou un M. Foster, juge; parce que j'aurais besoin de cet édifiant exemple pour montrer comment cette mesure de presse devrait être endurée ; car il trouverait indubitablement que, quoique être réduit à 25 shellings par par mois soit *un mal particulier*, ce mal, conformément son propre *axiôme* de *droit* et de *bonne police*, *doit être supporté avec patience* pour prévenir une calamité nationale. Ensuite je presserais le reste des juges; et, ouvrant le livre rouge, je presserais tous les officiers civils du gouvernement, depuis ceux qui touchent 50 livres sterling par an, jusqu'à ceux qui en ont 50,000; ce qui me procurerait une somme immense pour notre caisse. Et ces messieurs n'auraient pas à se plaindre, puisqu'ils recevraient leurs 25 shellings par mois et leurs rations, sans être obligés, en outre, de combattre. Enfin je crois que je presserais S. M. Britannique, et que je confisquerais son salaire; mais, à cause d'un ancien préjugé qui me prévient en faveur de son titre, je lui allouerais la paie d'un propriétaire de vaisseau marchand. Je ne pourrais pas aller plus loin en sa faveur; car, à dire le vrai, je ne suis pas pleinement convaincu de l'utilité

P. « 177. Pour moi, je déclare franchement « que ces *anciens précédens*, à moins d'être cor- « roborés par un *usage moderne*, me toucheraient « fort peu dans des questions de cette nature. (15)

« P. 179. Je ne m'excuse pas de la lon- « gueur de mon opinion, parce que j'espère « que l'importance de la question me justifiera « suffisamment à cet égard (16).

---

de cet office pour la Grande-Bretagne, lorsque je vois dans le monde beaucoup d'états florissans, bien et heureusement gouvernés sans cela.

(15) *L'usage moderne*, corroboré par *d'anciens précédens*, me touche tout aussi peu. Tout cela démontre seulement que la constitution est imparfaite, puisque, dans un cas aussi général, elle ne garantit pas la liberté, mais la détruit; et que les parlemens sont injustes, lorsqu'ils consentent à l'oppression du pauvre, pour enrichir ou ménager le riche.

(16) L'auteur ne pouvait pas être plus

court. Il fallait un long discours pour jeter de la poudre aux yeux du sens commun, confondre toutes nos idées du juste et de l'injuste, rendre noir ce qui paraît blanc, et faire prendre la bonne opinion pour la mauvaise.

RÉFLEXIONS SUR LES LOIS CRIMINELLES ET CONTRE LA PIRATERIE. *

Parmi les pamphlets que vous m'avez dernièrement envoyés, il y en avait un ayant pour titre : *Pensées sur la justice criminelle.* Je vous envoie, en retour, une brochure française sur le même sujet : *Observations concernant l'exécution de l'article 2 de la déclaration sur le vol.* Ces ouvrages sont tous les deux adressés aux magistrats, mais écrits, comme vous le verrez, dans un esprit bien différent. L'auteur anglais veut que *tous* les voleurs soient pendus; le Français demande qu'on proportionne les peines aux délits.

Si nous croyons réellement, comme

---

* Lettre écrite à B. Vaughan, le 14 mars 1785.

nous faisons profession de le croire, que la loi de Moïse est la loi de Dieu, dictée par une sagesse divine, infiniment supérieure à la sagesse humaine, sur quels principes infligeons-nous la peine de mort pour un délit qui, conformément à cette loi, ne doit être puni que par la restitution du quadruple ? Condamner un homme à mort pour une offense qui ne mérite pas la mort, n'est-ce pas un assassinat ? Et, comme le dit l'écrivain français : *Doiton punir un délit contre la société par un crime contre la nature ?*

La propriété du superflu est une création de la société. Des lois simples et douces étaient suffisantes pour garantir la propriété du strict nécessaire. Le sauvage, sans loi, et par la seule crainte de la vengeance et des représailles, jouit en paix de son arc, de sa hache, et de son vêtement de peaux. Lorsque, en vertu des premières lois, une partie de la société accumula des richesses et un grand pouvoir; cette inégalité exigea des lois plus sévères, et la propriété fut protégée aux dépens de l'humanité. Ce fut là un abus de pouvoir, et un commencement de tyrannie. Si l'on eût dit au sauvage, avant qu'il n'entrât dans l'état social : « Votre voisin pourra, par ses richesses, devenir propriétaire d'une centaine de daims, mais, si votre frère, ou votre fils, ou vous-même, n'ayant pas de daim en propriété, et vous trouvant pressés par la faim, vous avisez d'en tuer un seul, une mort infâme sera la suite de cet acte »; il est probable que le sauvage aurait préféré sa liberté naturelle, et le droit commun de tuer des daims, à tous les avantages de la société que l'on pouvait lui offrir.

La maxime qu'il vaut mieux laisser échapper cent coupables que de frapper un innocent, a été long-temps et généralement approuvée, et jamais, que je sache, mise en doute. Même le sanguinaire auteur des *Pensées* l'admet, en ajoutant fort bien : que la pensée de l'innocence, objet d'une *injustice*, et, ce qui est plus grave encore encore, objet d'une *peine*, doit éveiller en nous tout ce que la sensibilité et la pitié ont d'émotions les plus vives, et, en même temps, exciter notre indignation la plus profonde contre les instrumens d'un tel mal. Mais il ajoute que l'on ne court aucun de ces dangers en s'attachant strictement à l'exécution des lois. — Eh quoi ! Est-il donc impossible qu'il existe une loi injuste? Et, si la loi elle-même est injuste, n'est-elle pas cet instrument qui devra exciter la plus profonde indignation de l'auteur et de tout le monde ? Je lis, dans les derniers journaux de Londres, qu'une femme est condamnée à mort à *Old-Bailey*, parce qu'elle a volé de la gaze dans une boutique, pour quatorze shellings et trois sols : or, y a-t-il quelque proportion entre le tort fait par un vol de quatorze shellings, et le supplice d'une créature humaine, qui meurt sur un gibet? Ne pouvait-elle pas, cette femme, en amassant par son travail de quoi payer le quadruple, satisfaire à l'expiation ordonnée par la loi de Dieu? Toute punition, infligée au-delà de ce que mérite le délit, n'est-elle pas, quant à ce qui excède la juste peine, une punition infligée à l'innocence? Sous ce point de vue, combien et dans quelle immense proportion l'innocence ne subit-elle, pas, chaque année, non-seulement d'*injustices*, mais même de *peines*, dans presque tous les états civilisés de l'Europe?

Mais il semble que l'on a pensé que cette espèce d'innocence doit être punie, afin, par là, de *prévenir* les crimes. J'ai lu, en effet, qu'un cruel Barbaresque était dans l'usage, toutes les fois qu'il achetait un nouvel esclave chrétien, de lui faire appliquer immédiatement cent coups de bâton sur la plante des pieds, afin que le dur souvenir de ce traitement, et la crainte de l'encourir par la suite, prévinssent les fautes par lesquelles il aurait pu le mériter. Notre auteur lui même aurait peine à approuver entièrement la conduite de ce Turc pour gouverner des esclaves ; et cependant il semble recommander un pareil régime pour gouverner les sujets anglais, lorsqu'il applaudit à la réponse du juge Burnet. Ce juge, demandant à un individu, convaincu du vol d'un cheval, ce qu'il avait à dire pour éviter sa condamnation à mort, l'accusé répondit qu'il était dur de pendre un homme, *seulement* pour le vol d'un cheval. Ce n'est pas *seulement* pour le vol d'un cheval que tu seras pendu, reprit le juge, c'est pour que les chevaux ne soient pas volés ». La réponse de l'accusé, si on l'examine de bonne foi, paraîtra, je pense, raisonnable et fondée sur cet éternel principe de justice et d'équité : que les peines doivent être proportionnées aux délits; la réponse du juge, au contraire, semble brutale et déraisonnable, quoique l'écrivain souhaite « que tous les juges s'en pénètrent lorsqu'ils iront faire leur tournée des assises, et la gravent dans leur esprit comme contenant un sage axiôme applicable à toutes les lois pénales qu'ils sont chargés de mettre à exécution. Cette réponse, ajoute-t-il, peut servir à expliquer les véritables motifs de toutes les condamnations capitales, quelles qu'elles soient, et, notamment, que la propriété d'un homme doit rester aussi sacrée, aussi inviolable que sa vie ». C'est donc à dire qu'il n'y aurait point de différence entre le prix de la propriété et celui de la vie! Si je pensais qu'on a le droit de punir de mort l'homicide, non-seulement pour égaler la peine au crime, mais encore pour prévenir d'autres homicides, s'ensuivrait-il que j'approuverais l'application du même châtiment à un faible envahissement de ma propriété par le vol? Si je ne suis pas, moi-même, assez barbare, assez avide de sang et de vengeance, pour tuer une créature semblable à moi parce qu'elle m'aura dérobé quatorze shellings et trois sols, comment pourrai-je approuver que la loi le fasse? Montesquieu, qui fut lui-même magistrat, tâche de répandre d'autres maximes.

Il devait avoir connu ce que des juges humains éprouvent dans de pareilles occasions, et quels sont les effets de ces émotions; et loin de penser que des punitions sévères et excessives servissent à prévenir les crimes, il affirmait, au contraire, les propositions suivantes, citées par l'auteur de la brochure française :

L'atrocité des lois en empêche l'exécution.*

* Esprit des lois. L. 6, ch. 13.

Lorsque la peine est sans mesure, on est souvent obligé de lui préférer l'impunité.*

La cause de tous les relâchemens vient de l'impunité des crimes, et non pas de la modération des peines.**

Les personnes qui connaissent l'Europe, en général, prétendent qu'il y a plus de vols commis et punis annuellement en Angleterre, que dans toutes les autres nations européennes prises collectivement. Si cela est vrai, il doit y avoir une ou plusieurs causes de cette dépravation dans la masse du peuple anglais. Ne serait-ce pas ce défaut de justice et de moralité dans son gouvernement national, manifesté par une conduite oppressive envers ses sujets, et par des guerres injustes contre ses voisins? Voyez sa persistance à faire peser sur l'Irlande d'injustes monopoles qu'il a

---

* Esprit des lois. L. 6, ch. 13.

** *Ibid.* Ch. 12.

fallu enfin avouer! Voyez le gouvernement oppressif exercé par ses marchands dans les Indes; la guerre spoliatrice soutenue contre les colonies américaines; et, pour ne rien dire de celles qu'elle a suscitées à la France et à l'Espagne, voyez sa dernière guerre avec la Hollande, regardée par toute l'Europe impartiale comme une guerre de rapine et de pillage, et qui n'avait de motif et d'encouragement, soit apparent et probable, soit réel et véritable, que l'espoir d'un immense et facile butin. On se doit justice entre nations voisines, non moins strictement qu'entre citoyens voisins. Un voleur de grand chemin qui vole avec une bande, n'est pas moins voleur que s'il vole seul ; et une nation qui fait une guerre injuste n'est qu'une *grande bande*. Après que vous aurez employé votre peuple à piller les Hollandais, est-il étrange, lorsque la paix mettra fin à cet emploi, qu'ils continuent leur métier de pillards, en se pillant les uns les autres? La *piraterie*, comme l'appellent les Français, ou, si l'on veut, les armemens en course, voilà l'inclination universelle des Anglais, soit chez eux, soit au loin, partout où ils s'établissent. On prétend qu'il n'y eut pas moins de sept cents lettres de marque délivrées dans la dernière guerre! Les armemens furent faits par des négocians anglais pour piller d'autres négocians qui ne leur avaient jamais fait aucun tort. Est-il probable qu'un seul de ces négocians armateurs de Londres, si prompts à dépouiller les négocians d'Amsterdam, s'abstiendrait d'en faire autant contre un autre négociant de Londres, de la rue voisine, s'il comptait le faire avec la même impunité? C'est la même avidité ; c'est toujours l'*alieni appetens*; il n'y a que la crainte du gibet qui fasse la différence. Comment donc une nation qui, parmi ses citoyens les plus honnêtes, compte tant de voleurs d'inclination, et dont le gouvernement encourage et commissionne jusqu'à sept cents bandes de voleurs, comment une telle nation a-t-elle le front de condamner ce crime dans les individus, et d'en pendre une vingtaine dans une matinée ? Ceci rappelle naturellement une anecdote de Newgate. Un des prisonniers se plaignait de ce que, pendant la nuit, quelqu'un s'était emparé des boucles de ses souliers. — Que diable! dit un autre, avons-nous *donc* des voleurs parmi nous? Il ne faut pas le souffrir; mettons-nous en quête du fripon, et assommons-le.

Cependant on a vu dernièrement en Angleterre l'exemple d'un négociant qui n'a pas voulu profiter de ces biens mal acquis. Il était intéressé dans un bâtiment que les autres propriétaires crurent propre à armer en corsaire, et qui fit nombre de prises sur les Français. Quand on eut partagé le butin, le négociant dont je parle fit mettre dans la gazette un avis à tous ceux qui avaient essuyé la perte, afin de pouvoir leur restituer la part qui lui revenait. Cet homme consciencieux est un quaker. Les presbytériens écossais ont eu autrefois la même délicatesse; car il existe encore une ordonnance du conseil de la ville d'Édimbourg, faite peu de temps après la réforme, qui « défend d'acheter des marchandises de prises, à peine d'être déchu pour toujours du droit de bourgeoisie, et sous telle autre peine qu'il plairait au magistrat d'ordonner; l'usage de faire des prises étant contraire aux lois de la conscience, et à la règle qui nous enjoint de traiter nos frères chrétiens comme nous voudrions être traités nous-mêmes : ainsi, ces sortes de marchandises *ne peuvent être vendues dans cette ville par aucun homme craignant Dieu* ». La race de ces hommes craignant Dieu est probablement éteinte en Écosse, ou bien leurs principes ont, depuis, été abandonnés, car on présume que l'espoir des prises et des confiscations est entré pour beaucoup dans la part que cette nation a prise dans la guerre contre les colonies.

On a généralement cru, pendant quelque temps, qu'un militaire n'a pas à s'enquérir si une guerre est juste ou injuste, et que son devoir ne se borne qu'à exécuter les ordres qu'il reçoit. Tous les princes qui ont quelque disposition à la tyrannie doivent, sans doute, approuver cette opinion, et s'efforcer de l'établir; mais n'est-elle pas fort dangereuse, puisque, d'après ce principe, si le tyran commande à son armée d'attaquer et de détruire, je ne dis pas seulement une nation voisine qui ne lui aurait fait aucun mal, mais même ses propres sujets, il faut que l'armée obéisse? Un esclave nègre, dans nos colonies, à qui son maître commande de tuer ou de voler son voisin, ou quelque autre méchante action, peut refuser d'obéir, et le magistrat protège son refus. L'esclavage du soldat est donc pire que celui du nègre ! Un officier consciencieux, s'il n'est pas retenu par la crainte de voir imputer sa conduite à quelque autre cause, peut, il est vrai, donner sa démission plutôt que de servir dans une guerre injuste; mais les simples soldats sont esclaves pour la vie; et peut-être sont-ils incapables de porter un jugement par eux-mêmes. Nous ne pouvons que déplorer leur sort, et encore plus celui du matelot, qui souvent est arraché par force à d'honnêtes occupations, et contraint de tremper ses mains dans un sang peut-être innocent. Mais il me semble que des négocians plus éclairés par leur éducation, et parfaitement libres de toute violence semblable, de toute obligation, devraient bien prendre en considération si une guerre est juste, avant de recruter volontairement une troupe de bandits, pour les envoyer attaquer leurs confrères les négocians d'une nation voisine, piller leur propriété, et peut-être, s'ils l'abandonnent, les ruiner eux et leurs famille, ou, s'ils cherchent à la défendre, les blesser, les estropier, les tuer. Tout cela cependant se fait par des négocians chrétiens, qu'une guerre soit juste ou injuste; et il est difficile qu'elle soit juste des deux côtés. Cela se fait par des négocians anglais et américains, qui néanmoins se plaignent d'un vol particulier, et qui pendent par douzaines les voleurs qui n'ont fait que suivre leur exemple.

Il est bien temps que, par égard pour l'humanité, on mette un terme à cette infamie. Les États-Unis d'Amérique, quoique mieux situés qu'aucune nation européenne pour tirer parti de la piraterie, puisque la plus grande partie des vaisseaux marchands destinés pour les Indes orientales, passent à leurs portes, s'efforcent cependant, autant qu'il est en eux, d'abolir cette coutume, en offrant, dans tous leurs traités avec les autres puissances, d'insérer un article* contenant l'engagement solennel qu'en cas de guerre, nulle lettre de marque ne sera délivrée à des corsaires par les parties contractantes, et que les vaissaux marchands non armés, pourront, de chaque côté, continuer leur navigation sans être inquiétés. Ce sera une heureuse amélioration dans le droit des gens. L'humanité et la justice ne peuvent manquer de former le vœu qu'elle s'étende à toutes les nations.

* Voyez le morceau suivant.

NOTE CONTRE LES ARMEMENS EN COURSE.

Il est de l'intérêt général de l'humanité que les occasions et les motifs de guerre soient diminués.

Si la rapine est abolie, un des encouragemens à la guerre disparaîtra, et la paix aura plus de chances pour s'établir d'une manière durable.

La coutume de voler les marchands en pleine mer est un reste de l'ancienne piraterie. Quoiqu'elle puisse, accidentellement, tourner à l'avantage de quelques particuliers, elle est loin d'être profitable à tous ceux qui y sont intéressés, ou à la nation qui l'autorise. Au commencement d'une guerre, quelques riches bâtimens, qui ne sont pas sur leurs gardes, peuvent être surpris et capturés. C'est, pour les premiers aventuriers, un encouragement à armer plus de vaisseaux, et, pour beaucoup d'autres, un motif de les imiter. Mais en même temps l'ennemi devient plus soigneux, arme mieux ses bâtimens marchands, qui deviennent moins aisés à prendre, et qui se mettent davantage sous la protection des convois; ainsi, tandis que d'un côté le nombre des corsaires augmente pour faire des prises, d'un autre côté, le nombre des bâtimens susceptibles d'être pris, et la facilité des captures, diminuent; en sorte que la plus grande partie des croiseurs se trouve avoir fait des dépenses qui surpassent les bénéfices. Il en arrive comme dans les autres loteries, où, malgré les lots gagnans qui échoient à quelques particuliers, la masse de ceux qui ont fait des mises reste toujours en perte; car le total des frais occasionnés par tous les armemens en course pendant une guerre excède de beaucoup le produit général des prises. Il faut compter, de plus, pour la nation, la perte du labeur de tant d'hommes pendant le temps qu'ils ont été employés au brigandage, et qui, d'ailleurs, dépensent, dans le désordre, la débauche et l'ivrognerie, ce qu'ils ont gagné; qui perdent l'habitude du travail, sont rarement, après la paix, propres à aucune occupation régulière, et ne servent qu'à augmenter le nombre des brigands et des voleurs. Même les spéculateurs qui ont fait fortune, sont entraînés, par leur opulence soudaine, à de folles dépenses dont ils conservent l'habitude lorsque leurs moyens diminuent, et qui finissent par les ruiner; juste châtiment pour avoir, de gaîté de cœur, et froidement, causé la ruine de tant d'honnêtes négocians, et de leurs familles, dont l'existence était employée à des services d'un intérêt général pour l'humanité.

S'il était convenu et stipulé par la loi des nations que les cultivateurs ne seraient ni tourmentés ni troublés dans leurs utiles et paisibles travaux, on pourrait appliquer le bienfait de ce réglement aux habitans des îles à sucre. Il en résulterait un grand avantage pour les nations auxquelles appartiennent aujourd'hui ces îles. En effet, le prix du sucre ne se compose pas uniquement, pour les consommateurs, du prix qu'ils ont à débourser pour l'achat ; il faut y comprendre aussi la charge accumulée de toutes les taxes qu'ils payent pendant la guerre pour équiper des flottes et entretenir des troupes nécessaires à la défense des îles à sucre, ainsi que des bâtimens qui servent au transport de cette denrée. La dépense d'argent n'est même pas la seule. Un écrivain célèbre a dit que, lorsqu'il songeait aux guerres entretenues en Afrique pour faire des prisonniers destinés ensuite à cultiver le sucre en Amérique; au nombre d'individus tués dans ces guerres; à celui des malheureux qui, entassés dans les vaisseaux négriers, périssent dans la traversée; de ceux qui succombent sous les rigueurs de l'esclavage, il pouvait à peine regarder un morceau de sucre, sans se le représenter taché de sang humain. S'il avait aussi pensé au sang des blancs, répandu par les différentes nations qui se disputent la possession de ces îles, il aurait vu le morceau de sucre, non pas taché, mais entièrement imbibé de sang. Je suis, par ces considérations, persuadé qu'à Vienne et à Moscou, le sucre, y compris tous les frais de transport après son arrivée en Europe, revient au sujet de l'empereur d'Allemagne et de l'impératrice de Russie, qui n'ont pas de colonies, à meilleur marché qu'aux habitans de Londres ou de Paris; et je crois sincèrement que si la France et l'Angleterre voulaient mettre à un coup de dés la possession de leurs îles à sucre, le gain serait pour le perdant. Les frais nécessaires à leur défense seraient épargnés, le sucre serait à plus bas prix dans toute l'Europe, s'il était permis de l'y transporter sans obstacles; et les droits acquittés aux douanes de la nation qui le consommerait produiraient le même revenu, par quelque nation qu'il fût importé. A tout prendre, je crois que ce qu'il y aurait de mieux pour les nations qui possèdent maintenant des colonies à sucre, serait de renoncer à leurs prétentions, de les laisser se gouverner elles-mêmes, de les mettre sous la protection de toutes les puissances de l'Europe comme pays neutres, et de les laisser ouvertes au commerce de tous les peuples; car le bénéfice du monopole actuel n'équivaut, sous aucun rapport, à ce qu'il en coûte pour les conserver.

La première proposition contenue dans cette

note fut présentée par Franklin dans le cours de diverses négociations, et plusieurs fois renouvelée par lui sans succès ; il parvint cependant enfin à la faire prendre en considération dans le traité signé le 9 juin 1785 entre les États-Unis et le roi de Prusse. L'art. 23 de ce traité est ainsi conçu :

« S'il s'élevait une guerre entre les deux parties contractantes, les commerçans de chacun des deux pays, résidant alors dans l'autre, pourront y rester neuf mois pour recevoir ce qui leur sera dû, et mettre ordre à leurs affaires, et pourront ensuite en partir librement, avec tout ce qui leur appartiendra, sans être empêchés ni inquiétés. Les femmes et les enfans, les étudians dans toutes les facultés, les cultivateurs, artisans, manufacturiers, pêcheurs non armés et habitans de villes, villages ou endroits non fortifiés, et en général tous ceux dont les occupations tendent à procurer la subsistance commune, et l'avantage du genre humain, pourront continuer leurs travaux respectifs et ne seront pas molestés dans leurs personnes. On ne brûlera ni n'endommagera en aucune manière leurs maisons, ni leurs biens; leurs champs ne seront pas ravagés par la force armée de l'ennemi sous le pouvoir duquel ils peuvent tomber par les évènemens de la guerre. S'il est indispensable de leur prendre quelques denrées pour le service de l'armée, elles leur seront payées à un prix raisonnable. Tous les navires marchands, employés à l'échange des productions des différens pays, et qui, par là, procurent au genre humain une jouissance plus facile de tout ce qui lui est nécessaire, utile ou agréable, pourront continuer leur commerce librement et sans trouble; et aucune des puissances contractantes n'accordera ni ne délivrera de commission à des vaisseaux armés en course, pour capturer ou détruire lesdits navires, ou pour interrompre leur commerce. »

CONTRE LA GUERRE *

Un jeune ange de distinction ayant été envoyé ici-bas en mission pour la première fois, on lui donna pour guide un vieux génie. Ils arrivèrent, en planant, sur les mers de la Martinique, précisément le jour où se livrait une bataille opiniâtre entre les flottes de Rodney et de Grasse **. Lorsqu'à travers des nuages de fumée, il vit le feu des canons, les ponts couverts de membres mutilés, de corps morts ou mourans, les vaisseaux coulant à fond, s'em-

* Extrait d'une lettre du 7 juin 1782, au docteur Priestley.

** Cette bataille eut lieu le 12 avril 1782; la flotte française commandée par le comte de Grasse fut battue par l'amiral anglais George Rodney.

brasant ou sautant en l'air, et, au milieu de cette scène de misère et de destruction, ce qui restait de l'équipage s'entre-égorgeant avec fureur : Sot étourdit, dit-il à son guide avec colère, vous ne savez pas ce que vous faites. Vous vous chargez de me conduire sur la terre, et vous m'amenez en enfer ! — Non, reprit le guide, je ne me suis pas trompé ; nous sommes réellement sur la terre, et ce sont des hommes que vous voyez. Les diables ne se traitent jamais les uns les autres d'une manière aussi barbare ; ils ont plus de jugement et plus de ce que les hommes appellent orgueilleusement humanité.

*Dans mon opinion, *il n'y a jamais eu ni bonne guerre, ni mauvaise paix.* De quelles immenses améliorations, pour les

---

* Extrait d'une lettre écrite de Passy à sir Joseph Banks, le 27 juillet 1783.

agrémens et les commodités de la vie, se serait enrichie l'espèce humaine, si l'argent dépensé pour la guerre avait été employé à des ouvrages d'utilité publique? Quelle extension l'agriculture n'aurait-elle pas reçue, même jusqu'au sommet de nos montagnes! Combien de rivières rendues navigables, ou réunies par des canaux! Que de ponts, d'aqueducs, de nouvelles routes; que d'autres ouvrages publics; que d'édifices et d'améliorations qui auraient fait de l'Angleterre un vrai paradis terrestre! Voilà ce que l'on aurait obtenu si l'on avait consacré à faire le bien tant de millions consumés pour faire le mal, pour porter la misère dans plusieurs milliers de familles, et pour ôter la vie à tant de milliers d'êtres laborieux, dont le travail pouvait être utile.

CONTRE LE DUEL.*

« Il est étonnant que l'usage meurtrier du duel continue à se soutenir. Lorsqu'autrefois les duels étaient d'usage pour décider les procès, l'opinion, régnante alors, que la Providence devait se déclarer, en toute occasion, en faveur de la vérité et du bon droit, les rendait excusables, mais, à présent, le duel ne décide rien. Un homme dit quelque chose qu'un autre prétend être un mensonge : ils se battent ; mais que l'un ou l'autre soit tué, le point de la dispute n'en reste pas moins sans solution. On raconte ici à ce sujet une anecdote assez plaisante. « Un particulier, se trouvant

* Extrait d'une lettre écrite de Passy au Docteur Percival, le 17 juillet 1784.

dans un café, pria quelqu'un qui était assis près de lui de s'éloigner. — Eh! pourquoi, monsieur? — Parce que vous sentez mauvais. — Vous m'insultez, et vous m'en rendrez raison. — Je me battrai avec vous, si vous y tenez; mais je ne vois pas que cela change rien à la chose. En effet, si vous me tuez, je sentirai mauvais à mon tour; et, si je vous tue, vous sentirez, s'il est possible, encore plus mauvais que vous ne le faites maintenant ». Comment d'aussi misérables créatures que nous le sommes, peuvent-elles avoir assez d'orgueil pour s'imaginer que toute offense faite à ce que nous appelons notre honneur, mérite *la mort?* Ces personnages, qui se créent une importance si haute, ne manqueraient pas de qualifier de tyran le prince qui ferait mettre l'un d'eux à mort pour quelques discours injurieux adressés à sa personne sacrée, et cependant il n'est pas un d'eux qui ne s'érige en juge dans sa propre cause, qui ne condamne l'offenseur sans jury, et ne se fasse lui-même l'exécuteur de la sentence.

DISCOURS POUR L'ACCEPTATION DE LA CONSTITUTION DES ÉTATS-UNIS.

Lorsqu'une assemblée générale de tous les états libres de l'Amérique septentrionale fut convoquée à Philadelphie en 1787, pour donner plus d'énergie au gouvernement de l'Union en revisant les articles de la confédération, et en en corrigeant quelques-uns, le docteur Franklin, alors dans sa quatre-vingt-deuxième année, fut nommé député pour l'état de Pensylvanie, et il signa, en cette qualité, la nouvelle constitution qui fut arrêtée pour les États-Unis. Voici le discours qu'il prononça en cette occasion, et qui est un monument admirable de prudence et de modération politiques. (*Voyez* la Notice t. 1er, p. 56)

MONSIEUR LE PRÉSIDENT,

J'avoue que je ne puis approuver entièrement, quant à présent, la constitution qui nous est présentée; mais je ne prétends pas assurer que je ne l'approuverai jamais. Ayant vécu long-temps, je me suis trouvé plus d'une fois obligé par de meilleurs renseignemens, ou par de plus mûres réflexions, à changer d'opinion, même sur des sujets importans, où ce que j'avais cru juste s'est trouvé ne pas l'être. C'est pour cela que, plus je deviens vieux, plus je suis porté à douter de mon propre jugement, et à payer de plus de respect le jugement d'autrui. Bien des hommes, comme bien des sectes religieuses, se croient en possession de toute la vérité, et pensent que toute opinion contraire à la leur ne peut être qu'une erreur. Steele, protestant, dit au pape, dans une dédicace, que la seule différence qui existe entre nos deux églises, sur l'opinion qu'elles ont de la certitude de leur doctrine, c'est que l'Église romaine est *infail-*

lible, et que l'Église anglicane *ne se trompe jamais*. Quoiqu'il ne manque pas de gens qui aient de leur propre infaillibilité une opinion aussi haute que leur Église de la sienne, il s'en trouve peu qui l'expriment aussi naïvement qu'une dame française, qui, dans une petite querelle avec sa sœur, lui disait : *je ne trouve que moi qui aie toujours raison.* *

C'est d'après ces sentimens, Monsieur, que j'adopte cette constitution, avec tous ses défauts, si elle en a, parce que je crois qu'il nous faut un gouvernement général,

---

* Mademoiselle Delaunay, depuis madame de Staal, raconte ainsi cette anecdote dans ses Mémoires : « La duchesse de la Ferté me dit un « jour : *Tiens, mon enfant, je ne vois que moi* « *qui aie toujours raison*. Cette parole a servi, « plus qu'aucun précepte à m'apprendre la dé- « fiance de soi-même; et je me la rappelle « toutes les fois que je suis tentée de croire que « j'ai raison. » Éd. de 1821, t. 1ᵉʳ p. 112.

et qu'il n'existe aucune forme de gouvernement qui ne puisse être un bien, s'il est sagement administré. Je crois, de plus, que celui que nous adoptons est susceptible d'une bonne administration pour bien des années, et qu'il ne dégénèrera pas en despotisme comme tant d'autres avant lui; à moins que le peuple ne devienne assez corrompu pour avoir besoin d'un gouvernement despotique, et ne pouvoir en supporter aucun autre.

Je doute aussi que telle autre assemblée qu'on puisse convoquer, soit capable de faire une meilleure constitution; car, quand on rassemble un certain nombre d'hommes pour profiter de la réunion de leur sagesse, l'on rassemble inévitablement avec ces hommes tous leurs préjugés, leurs passions, leurs erreurs, leurs intérêts de localité, leurs vues personnelles. Peut-on attendre d'un tel assemblage une œuvre *parfaite ?* Ce qui me surprend donc; c'est de trouver le système proposé si voisin de la perfection ; et je crois qu'il étonnera nos ennemis, qui s'attendent à apprendre qu'il règne dans nos conseils la confusion qui naquit parmi les constructeurs de Babel, et que nos États sont sur le point de se séparer, pour ne plus se retrouver désormais en présence qu'afin de s'entre-égorger.

Ainsi, je consens, Monsieur, à cette constitution parce que je n'en espère pas une meilleure, et parce que je ne suis pas sûr qu'elle ne soit pas la meilleure possible. Quant à mon opinion particulière sur les défauts que j'ai cru y voir, j'en fais le sacrifice au bien public. Jamais il ne m'en est échappé un seul mot hors de cette assemblée ; elle est née dans cette enceinte, et elle y mourra. Si chacun de nous, en retournant vers ses commettans, reproduisait ses objections, et tâchait d'y gagner des partisans, nous empêcherions la constitution d'être généralement reçue, et nous perdrions par là les effets salutaires, les grands avantages qui doivent naturellement résulter pour nous, chez l'étranger, comme au sein de ce pays, de notre unanimité réelle ou apparente. Une grande partie du pouvoir et de l'efficacité de quelque gouvernement que ce soit, pour procurer et pour assurer le bonheur du peuple, dépend de *l'opinion*, de l'opinion générale que l'on pourra se former de la bonté de ce gouvernement, comme de la sagesse et de l'intégrité des gouvernans. J'espère donc que, par amour de nous-mêmes comme faisant partie du peuple, et par amour de notre postérité, nous nous emploierons cordialement et unanimement pour recommander cette constitution partout où pourra s'étendre notre influence, et que nous dirigerons à l'avenir nos pensées et nos efforts vers les moyens à prendre pour qu'elle soit bien *administrée*.

Enfin, Monsieur, je ne puis m'empêcher d'exprimer le désir que chaque membre de cette assemblée, qui peut trouver des objections contre cette constitution, veuille bien, comme moi, douter un peu de sa propre infaillibilité, et que, pour donner une preuve *manifeste* de notre *unanimité*, nous en signions tous l'acceptation.

Franklin fit alors la motion que l'on ajoutât à la constitution : *Fait et arrêté d'un consentement unanime*. Cette motion fut adoptée. C'est sur le même sujet qu'il publia, peu de temps après, l'écrit suivant.

COMPARAISON

DE LA CONDUITE DES ANCIENS JUIFS, ET DE CELLE DES ANTI-FÉDÉRALISTES DES ÉTATS-UNIS D'AMÉRIQUE.

Un zélé partisan de la constitution fédérative qui nous est proposée, a dit, dans une certaine assemblée publique, qu'une grande partie du genre humain avait une telle répugnance à adopter un bon gouvernement, qu'il croyait que si un ange apportait du ciel une constitution faite tout exprès pour nous, il y trouverait une violente opposition. On traita son opinion d'extravagance, et il ne la justifia pas. Il ne lui était probablement pas venu sur-le-champ à la mémoire que cette expérience a déjà été faite, et que cet évènement était constaté par la plus fidèle de toutes les histoires, par la sainte Bible; autrement, il aurait pu, ce me semble, étayer son opinion par cette autorité inattaquable.

Il avait plu à l'Être suprême de faire d'une seule famille un grand peuple, par des actes continuels de son attentive Providence. Ayant tiré cette nation d'esclavage par des miracles opérés par son serviteur Moïse, il délivra lui-même, à ce serviteur choisi, et en présence de toute la nation, une constitution et un code de lois, qu'il enjoignit d'observer, sous la promesse de grandes récompenses, et la menace de châtimens sévères, suivant que l'on y serait soumis ou désobéissant.

Cette constitution, quoiqu'elle eût pour chef Dieu même (ce qui lui a fait donner par des écrivains politiques le nom de *théocratie*), ne pouvait s'exécuter que par le moyen de son ministre. Aaron et ses fils furent donc délégués avec Moïse, pour remplir le ministère établi le premier dans le nouveau gouvernement.

On aurait cru que la nomination des hommes qui s'étaient distingués en procurant la liberté à leurs concitoyens, et qui avaient hasardé leur vie en s'opposant ouvertement à la volonté d'un puissant monarque qui avait cherché à retenir cette nation en esclavage, aurait été agréable à un peuple reconnaissant; et qu'une constitution fabriquée pour lui, par Dieu même, n'aurait pas pu manquer, à ce titre, de rencontrer un assentiment universel. Il se trouva, pourtant, dans chacune des treize tribus, des mécontens, des esprits inquiets, qui excitaient le peuple à rejeter la nouvelle forme de gouvernement, et cela d'après différens motifs.

Plusieurs conservaient encore de l'affection pour l'Égypte, leur terre natale, et, quand ils éprouvaient quelque embarras, quelque privation, effet naturel et inévitable de leur changement de situation, ils s'emportaient contre leurs chefs, les accusaient de leurs maux, et non-seulement ils regrettaient l'Égypte, mais ils voulaient lapider ceux qui les en avaient délivrés (Nomb. c. 14). Ceux qui penchaient pour l'idolâtrie trouvaient mauvais que l'on eût détruit le veau d'or. Plusieurs chefs pensaient que la nouvelle constitution pourrait nuire à leurs intérêts particuliers; que les places lucratives deviendraient *le monopole de la famille et des amis de Moïse et d'Aaron*, à l'exclusion de ceux qui n'y avaient pas moins de droit (Nomb. c. 16). Nous trouvons dans Josèphe et dans le Talmud quelques particularités qui ne sont pas aussi détaillées dans l'Écriture. On y voit : « que Corah, dévoré de l'ambition de devenir grand-prêtre, se trouvait offensé que cette dignité eût été conférée à Aaron, et cela, disait-il, par l'autorité seule de

Moïse, *sans le consentement du peuple*; il accusa Moïse de s'être frauduleusement emparé du gouvernement par divers artifices; d'avoir privé le peuple de ses libertés, d'avoir conspiré avec Aaron pour perpétuer la tyrannie dans leur famille. Ainsi, quoique Corah n'eût d'autre but que de supplanter Aaron, il persuada au peuple qu'il n'avait en vue que le bien général. Ses manœuvres réussirent, et l'on commença à crier : « Soutenons la liberté com-
« mune de nos *tribus respectives*; nous nous
« sommes retirés de l'esclavage de Pha-
« raon, est-ce pour être réduits sous celui
« de Moïse? S'il faut que nous ayons un maî-
« tre, que ce soit le roi d'Égypte, qui nous
« donnait du moins du pain et des ognons;
« et ne servons pas ce nouveau tyran qui
« ne nous procure que la famine ». On mit en question *la réalité de ses conférences avec Dieu*; on lui reprocha le secret qui y régnait, et le soin qu'il prenait d'en écar-

ter le peuple, de l'empêcher même d'approcher de l'endroit où elles avaient lieu, et l'on en fit de graves motifs de soupçon. On l'accusa aussi de *péculat*, comme s'étant approprié une partie des cuillers d'or et des vases d'argent que les principaux des tribus avaient donnés en offrande, lors de la dédicace de l'autel, ainsi qu'une partie de l'or offert par le peuple, et du produit des impôts. Ils accusèrent Aaron d'avoir retenu beaucoup d'or sur celui qu'il prétendait avoir employé à fondre le veau d'or. Enfin, ils reprochèrent à Moïse *de l'ambition;* ils disaient que c'était pour satisfaire cette passion qu'il avait trompé le peuple, en lui promettant de le conduire dans une terre où couleraient le lait et le miel, et que, sous cet appât, il l'avait tiré d'un pays où rien ne lui manquait; mais qu'il s'inquiétait peu des maux que souffrait le peuple, pourvu qu'il pût se faire *monarque absolu* (Nomb. c. 16); que, pour soutenir avec splendeur la nouvelle dignité dans sa famille, il avait déjà levé une taxe partielle dont le produit était accordé à Aaron (Nomb. c. 3.), et qui allait être suivie d'une taxe générale, qui serait sans doute augmentée de temps en temps (Exod. c. 30. Lévit. c. 27), si l'on souffrait qu'il allât promulguant de nouvelles lois, sous prétexte de nouvelles révélations de la volonté divine, jusqu'à ce que toute la fortune du peuple fût dévorée par cette aristocratie.

« Moïse nia l'accusation de péculat, et ses accusateurs n'avaient aucune preuve à en donner, quoique *des faits*, quand ils sont réels, soient toujours, par leur nature, susceptibles de preuves. « Je n'ai
« point, dit-il avec une sainte confiance en
« la présence de Dieu, je n'ai point pris à
« ce peuple la valeur d'un âne, et je ne lui
« ai fait aucun autre tort. » Mais ses ennemis avaient porté l'accusation; et elle avait

produit quelque impression sur la populace; car il n'est aucune sorte de reproche qui soit aussi facilement élevé, et cru aussi légèrement, par des fripons, que le reproche de friponnerie.

« Enfin, deux cent cinquante des principaux d'entr'eux, fameux parmi le peuple, hommes de renom (Nomb. c. 16), dirigeant et excitant la populace, la poussèrent à un tel degré de frénésie, qu'elle s'écria : « Lapidons-les! lapidons-les! Assurons par « là nos libertés ; et choisissons d'autres « chefs qui nous ramènent en Égypte, si « nous ne réussissons pas à réduire les Ca- « nanéens. »

Au total, il paraît que les Israélites étaient un peuple jaloux de la liberté qu'il venait d'acquérir, ce qui n'était pas un défaut en soi-même ; mais que, lorsqu'ils se laissèrent travailler par des hommes artificieux, qui voilaient par le prétexte du bien public leurs vues d'intérêt particulier, ils s'opposèrent à l'établissement de la nouvelle constitution, et par là s'attirèrent à eux-mêmes beaucoup de malheurs et de souffrances. On voit encore, en continuant de puiser dans cette source inestimable, qu'après bien des siècles, lorsqu'un amendement fut proposé à cette constitution, devenue vieille et dont on abusait, la populace, de même qu'elle avait accusé Moïse de vouloir se faire monarque absolu, et s'était écrié : « Lapidons-le! lapidons-le! » excitée par ses prêtres et ses scribes, accusa le Messie de vouloir se faire roi des juifs, et s'écria : « Crucifiez-le! crucifiez-le! » De tout cela, nous pouvons conclure que l'opposition du peuple à une mesure publique ne prouve pas que cette mesure soit mauvaise, quand même l'opposition serait excitée et fomentée par des hommes de distinction.

Je ne veux pourtant pas que l'on m'attribue l'intention de prétendre inférer de ce que je viens de dire, que notre assemblée générale avait reçu une inspiration divine quand elle a établi notre constitution fédérative, uniquement parce que cette constitution a éprouvé une opposition aussi violente que déraisonnable : encore, dois-je avouer que j'ai une foi telle au gouvernement général du monde par la Providence, que j'ai peine à concevoir qu'une affaire d'une si grande importance pour le bonheur de millions d'êtres actuellement existans, et qui naîtront de la postérité d'une grande nation, puisse se régler, sans être, jusqu'à un certain point, influencée, guidée et gouvernée par ce régulateur tout-puissant, présent partout, et souverainement bon, en qui tous les êtres inférieurs vivent, se meuvent, et ont leur existence.

SUR LES DÉLITS DE LA PRESSE.[*]

Description de la Cour suprême de justice en Pensylvanie, c'est-à-dire de la Cour de la presse.

Pouvoir de cette Cour. — Elle peut recevoir et publier des accusations de tous genres, contre toutes personnes, de quelque caractère qu'elles soient revêtues, et même contre toutes les cours inférieures. Elle peut juger, condamner et vouer à l'infamie, non-seulement des particu-

[*] Ce morceau, dans lequel Franklin, en ami sincère de la liberté de la presse, s'élève contre la lâcheté des calomniateurs qui en abusent, et contre les dangers de leur impunité, a été inséré dans la *Gazette fédérale*, le 12 septembre 1789.

liers, mais même des corps publics, avec ou sans information, *à la discrétion de la cour.*

En faveur et au profit de qui cette cour est établie. — En faveur d'environ un citoyen sur cinq cents, lorsque, grâce à l'éducation et à l'habitude de griffonner, on s'est procuré un style tolérable, assez conforme à la grammaire et à la syntaxe pour supporter l'impression; ou bien lorsque l'on possède une presse et quelques caractères. Cette cinq-centième partie des citoyens a le privilège d'accuser ou d'injurier les quatre cent quatre-vingt-dix-neuf autres parties, suivant son plaisir, ou elle peut vendre ses plumes et ses presses à d'autres pour le même objet.

Procédure de cette cour. — Elle n'est gouvernée par aucune des règles des cours ordinaires de justice. L'accusé n'obtient pas un grand jury pour juger s'il y a lieu à l'accusation, avant qu'elle soit rendue publique. On ne lui fait pas connaître le nom de son accusateur. On ne lui accorde pas la confrontation avec les témoins qui ont déposé contre lui; car ils sont laissés dans l'ombre, comme au tribunal espagnol de l'inquisition. Il n'y a pas, non plus, de petit jury composé de ses pairs, sous la foi du serment, pour juger de la vérité des charges. L'instruction est aussi quelquefois tellement rapide qu'un honnête et bon citoyen peut soudainement, et sans s'y être attendu, se trouver accusé, et, dans une même matinée, être jugé, condamné, et placé sous le poids d'une sentence qui le déclare un *coquin* et un *scélérat*. Cependant, si un membre de cette cour reçoit la plus légère censure pour sa mauvaise conduite dans ses fonctions, il réclame immédiatement les droits qu'il tient de la constitution comme citoyen libre, il demande à connaître son accusateur, à être confronté avec les témoins, et à être loyalement jugé par un jury composé de ses pairs.

Fondemens de son autorité. — L'autorité de cette cour est, dit-on, fondée sur un article de la constitution qui établit la *liberté de la presse :* liberté pour laquelle tout Pensylvanien est prêt à combattre et à mourir, quoique trop peu de nous, je le crois, aient des idées nettement démêlées sur sa nature et son étendue. Elle paraît, en vérité, ressembler tant soit peu à la *liberté de presse* que les criminels ont, par la loi commune d'Angleterre, avant la déclaration de leur culpabilité, et qui consiste à être *pressés* pour mourir, ou pendus. Si, par *liberté de la presse*, on entend seulement la liberté de discuter la convenance des mesures où le public est intéressé, et de débattre les opinions politiques, jouissons-en aussi largement qu'il vous plaira ; mais si, par-là, il faut entendre la liberté de s'outrager, de se calomnier, de se diffamer les uns les autres, je déclare, pour mon compte, être tout prêt à en abandonner ma part dès qu'il plaira à nos législateurs de changer la loi, et consentir de grand cœur à troquer la *liberté* d'injurier les autres, contre le *privilège* de n'être pas injurié moi-même.

Par qui cette cour est instituée et commissionnée. — Elle ne reçoit point sa commission du conseil suprême exécutif, qui pourrait préalablement juger les talens, l'intégrité, les connaissances, etc., des personnes destinées à cet important emploi de prononcer sur le mérite et la réputation des citoyens ; car cette cour est au-dessus du conseil suprême, et peut l'*accuser*, le *juger*, le *condamner* lui-même, suivant son bon plaisir. Elle n'est pas héréditaire comme la cour *de dernier ressort* de la pairie d'Angleterre. Mais tout homme qui peut se procurer plume, encre et papier, avec une presse, quelques caractères, et une vaste paire de balles *noircissantes*, peut se commissionner lui-même : et sa cour est immédiatement établie, en pleine possession et exercice de ses droits. Que si vous vous permettez, sur les manières du *juge*, la plainte la plus humble, de ses noires balles il vous barbouille la face partout où il vous rencontre ; il fait plus, et mettant votre réputation en lambeaux, il vous signale à la haine publique comme un *ennemi de la liberté de la presse.*

Des soutiens naturels de cette cour. — Elle trouve son soutien dans la dépravation de ces âmes qui n'ont été ni amendées par la religion, ni perfectionnées par une bonne éducation.

C'est dans un homme, dit Dryden, une convoitise qu'aucun charme ne peut endormir, que celle de publier tout haut la honte de son voisin. Aussi, comme il le dit encore : Portés par des ailes d'aigles, les scandales volent immortels ; tandis que les actions vertueuses, dès qu'elles sont nées, n'ont plus qu'à mourir.

Quiconque éprouve de la peine s'il entend bien parler de son voisin, se sent aise d'en entendre dire du mal. Les hommes qui, désespérant de s'élever en se distinguant par leurs vertus, s'estiment heureux si d'autres peuvent être rabaissés à leur niveau, se rencontrent en nombre suffisant dans toutes les grandes villes pour soutenir une de ces cours par leurs souscriptions. Un observateur ingénieux disait qu'en parcourant les rues un matin où le pavé est glissant, on peut reconnaître les maisons où demeurent de bonnes gens, par les cendres qui sont répandues sur la glace devant leur porte : il aurait probablement formé une conjecture toute contraire sur le caractère des personnes qu'il aurait trouvées engagées dans une pareille souscription.

Des contrôles à établir pour réprimer les

abus de pouvoir de ces cours. — Jusqu'à présent il n'en existe pas. Mais, depuis que l'on a tant écrit et tant publié sur la constitution fédérative, et que la nécessité des contrôles pour toutes les autres parties d'un bon gouvernement a été si clairement et si savamment expliquée, je me trouve moi-même assez bien endoctriné pour soupçonner que cette partie aussi est susceptible d'un contrôle; mais j'ai été fort en peine pour en imaginer un qui ne constituât pas une infraction au droit sacré de *la liberté de la presse.* A la fin, cependant, je pense en avoir découvert un, qui, au lieu de diminuer la masse générale de la liberté, l'augmentera; il consiste à rendre au peuple un genre de liberté dont il a été privé par nos lois; je veux dire *la liberté du bâton.* Dans l'état d'enfance de la société, antérieur à l'existence des lois, si un homme en insultait un autre par de mauvais propos, l'offensé pouvait lui répondre par un coup de poing sur l'oreille; et, s'il récidivait, par une bonne volée de coups de bâton; et cela sans offenser aucune loi. Mais maintenant le droit de faire de pareilles réponses est interdit; et elles sont punies comme des violations de la paix, tandis que le droit d'injurier semble être resté en pleine vigueur; les lois faites pour l'atteindre étant frappées d'impuissance par *la liberté de la presse*.

Ma proposition est donc de laisser la liberté de la presse sans y toucher, pour être exercée dans la plénitude de son étendue, force et vigueur; mais de permettre à *la liberté du bâton* de marcher avec elle *pari passu*. Alors, mes concitoyens, si un imprudent écrivain attaque votre réputation qui vous est peut-être plus chère que la vie, et s'il met son nom à ce manifeste, vous pouvez aller à lui ouvertement et lui fendre la tête. S'il se cache derrière l'imprimeur, et que vous puissiez néanmoins découvrir qui il est, vous pouvez, à son exemple, lui tendre la nuit une embuscade, l'attaquer par derrière, et lui donner une bonne volée de coups de bâton. S'il paie des écrivains plus habiles que lui pour vous mieux calomnier, vous paierez aussi de robustes portefaix qui auront des bras meilleurs que les vôtres et qui vous aideront à le châtier plus vigoureusement. C'est jusque-là que va mon projet quant au ressentiment *privé* et à la rétribution qui est due. Mais si le public venait jamais à être insulté, *comme cela doit être*, par les façons d'agir de ces écrivains, je ne serais pas d'avis d'arriver immédiatement à ces extrémités; je crois que nous pourrions, par modération, nous contenter de les plonger dans du goudron, de les rouler dans de la plume, puis de les berner dans une couverture.

Si cependant on pensait que ma proposition pût troubler la paix publique, je supplierais humblement nos législateurs de prendre en considération ces deux libertés, celle de *la presse* et celle *du bâton*, afin de déterminer, par une loi formelle, leur étendue et leurs limites; et de vouloir bien, tandis qu'ils garantissent la personne d'un citoyen contre les *attaques*, pourvoir en même temps à la sûreté de sa *réputation*.

SUR LE COMMERCE DES ESCLAVES.

Lettre à l'Éditeur de la Gazette fédérale.

Philadelphie, 23 mars 1790.

Monsieur,

La lecture que j'ai faite hier soir, dans votre journal, du discours prononcé par M. Jackson, dans le congrès, pour engager cette assemblée à ne point s'occuper de la question d'abolition de l'esclavage, et à ne point entreprendre l'amélioration du sort des esclaves, m'a rappelé un discours semblable prononcé, il y a plus de cent ans, par Sidi-Méhémet-Ibrahim, membre du divan d'Alger, et que l'on peut voir dans le *récit du consulat de Martin en* 1687. Il était dirigé contre l'acceptation de la pétition d'une secte appelée *érika* ou *puristes*, qui demandait l'abolition de la piraterie et de l'esclavage, comme étant injustes. M. Jackson ne le cite pas; peut-être ne le connaît-il point. Si donc son éloquent discours contient une partie des mêmes raisonnemens, cela prouve seulement que les intérêts des hommes, lorsque les circonstances se ressemblent, agissent et ont agi avec une similitude surprenante, dans toutes les contrées et tous les climats. Voici la traduction du discours africain :

« *Allah Bismillah*, etc. *Dieu est grand, et Mahomet est son prophète.*

« Ont-ils, ces *érika*, réfléchi sur les suites que l'acceptation de leur pétition entraînerait? Si nous cessons de croiser contre les chrétiens, comment serons-nous approvisionnés des produits de leur pays, qui nous sont si nécessaires? Si nous nous abstenons de faire esclave cette race, qui emploierons-nous, dans ce climat brûlant, à cultiver nos terres? Qui servira dans notre ville et dans nos familles? Faudra-t-il donc que nous soyons nos propres esclaves? et n'est-il pas dû plus de compassion et de faveur à nous, musulmans, qu'à ces chiens de chrétiens? Nous avons maintenant plus de cinquante mille esclaves dans Alger et aux environs. Ce nombre, s'il n'est pas entretenu par des importations nouvelles, décroîtra graduellement, et finira par être réduit à rien. Si donc nous cessons de prendre et de piller les vaisseaux infidèles, et de faire esclaves les matelots et les passagers, nos terres deviendront sans valeur, faute de culture; les loyers des maisons, dans la ville, tomberont de moitié, et les revenus que le gouvernement tire de sa part dans les prises seront entièrement perdus. Et pourquoi? Pour satisfaire les fantaisies d'une secte fantasque qui voudrait nous déterminer, non-seulement à ne plus faire d'esclaves, mais même à affranchir ceux que nous avons? Mais qui indemnisera leurs maîtres de cette perte? Sera-ce l'État? Notre trésor y suffirait-il? Seront-ce les *erika?* Le peuvent-ils! ou bien veulent-ils, pour faire ce qu'ils appellent justice aux esclaves, faire une injustice plus grande aux maîtres ? Et, si nous affranchissons nos esclaves, qu'en fera-t-on? Très peu voudront retourner dans leur pays natal; ils savent trop bien quels maux les y attendent. Ils n'embrasseront pas notre sainte religion; ils n'adopteront pas nos mœurs; nos concitoyens ne voudront pas se souiller par des mariages avec eux. Il faudra donc les garder comme mendians dans nos rues, ou souffrir que nos propriétés deviennent la proie de leurs pillages; car des gens habitués à l'esclavage ne travailleront pas pour gagner leur vie sans y être forcés. Qu'y a-t-il, au reste, de si digne de pitié dans leur condition actuelle?

N'étaient-ils pas esclaves dans leur pays? L'Espagne, le Portugal, la France, ne sont-ils pas gouvernés par des despotes qui tiennent en esclavage tous leurs sujets sans exception? L'Angleterre même traite ses marins comme des esclaves *; car ils sont, au gré du gouvernement, saisis et enfermés dans des vaisseaux de guerre, condamnés, non-seulement à travailler, mais à combattre pour un modique salaire ou même pour obtenir une nourriture qui n'est pas meilleure que celle que nous donnons à nos esclaves. Leur condition est-elle donc pire lorsqu'ils tombent entre nos mains? Non, ils ne font que changer d'esclavage; et je puis dire qu'ils gagnent au change; car on les amène ici dans un pays où le soleil de l'Islamisme répand sa lumière et brille de tout son éclat; et ils ont l'occasion de s'instruire dans la vraie

* Voy. p. 139, les réflexions contre la presse des matelots.

doctrine, et de sauver ainsi leurs âmes immortelles. Ceux qui restent chez eux n'ont pas le même bonheur. Les y renvoyer, ce serait les renvoyer de la lumière dans les ténèbres.

« Je le demande encore, que fera-t-on d'eux ? J'ai entendu suggérer que l'on pourrait les établir dans le désert, où il se trouve une grande étendue de terres pour les faire subsister, et où ils pourraient fleurir comme peuple libre. Mais ils sont, je le soupçonne, trop paresseux pour travailler sans contrainte, en même temps que trop ignorans pour établir un bon gouvernement; et les hordes arabes les auraient bientôt inquiétés et détruits, ou réduits de nouveau en esclavage. Tant qu'ils nous servent, nous prenons soin de pourvoir à tout ce qui leur est nécessaire, et ils sont traités avec humanité. Je suis informé que, dans leurs pays, les travailleurs sont plus mal nourris, logés et vêtus.

La condition de la plupart d'entre eux a donc déjà gagné, et ne demande pas d'autres améliorations. Ici leur vie est en sûreté. Il ne sont pas exposés à être requis de force comme soldats, ni à se couper la gorge, chrétiens contre chrétiens, comme dans les guerres de leurs pays. Si quelques-uns des bigots insensés qui nous ennuient de leur niaises pétitions ont, dans un accès de zèle aveugle, affranchi leurs esclaves, ce n'est pas la générosité, ce n'est pas l'humanité qui les ont fait agir; c'est leur conscience, chargée d'un fardeau de péchés, et l'espérance que, par les mérites qu'il supposent à une si bonne œuvre, ils s'exempteront de la damnation. Combien ils se trompent grossièrement lorsqu'ils imaginent que l'esclavage est désavoué par le Coran! N'y trouve-t-on pas ces deux préceptes, pour ne pas en citer davantage : « Maîtres, traitez vos esclaves « avec bonté; esclaves servez vos maîtres

EXTRAIT DU TESTAMENT DE BENJAMIN FRANKLIN.

..... Je suis né à Boston, et je dois mes premières instructions littéraires aux écoles gratuites de grammaire qui y sont établies. En conséquence, je donne à mes exécuteurs testamentaires cent livres sterling, qui seront par eux, ou par le survivant d'eux, payées aux supérieurs ou directeurs des écoles gratuites de ma ville natale de Boston, pour être par eux, ou par quiconque aura le gouvernement ou la direction desdites écoles, placées à intérêt perpétuel; et afin que le produit en soit employé à acheter des médailles d'argent, destinées à être distribuées par les directeurs, à titre de récompense honorifique, parmi leurs écoliers, de la manière qui sera jugée convenable par les notables de la ville. — Sur le traitement qui peut me rester dû, comme président de l'État de Pensylvanie, je donne deux mille livres sterling pour être employées à rendre navigable la rivière de Schuylkill....

.... Pendant que j'ai été dans les affaires comme papetier, imprimeur et maître des postes, une grande quantité de petites sommes me sont restées dues pour impressions, vente de livres et de papier, ports de lettres et autres objets; je n'en avais pas fait le recouvrement lorsqu'en 1757 je fus envoyé par l'assemblée de Pensylvanie, comme son agent, en Angleterre, où des ordres subséquens me retinrent jusqu'en 1775; à mon retour, à cette époque, je me trouvai sur-le-champ occupé par les affaires du congrès; puis, en 1776, je fus envoyé en France, où je restai neuf ans, n'en étant revenu qu'en 1785; et les dites créances, n'ayant pas été réclamées par moi pendant ce long espace de temps, sont devenues comme prescrites, tout en me restant, néanmoins, dues légitimement. Elles sont portées dans mon grand livre de comptes E. Je donne et lègue ces créances à l'hôpital de Pensylvanie, espérant que ceux de mes débiteurs, ou de leurs héritiers, qui pourraient maintenant faire quelques difficultés pour acquitter, comme légalement exigibles, des dettes si anciennes, se détermineront à les payer, à titre de charité pour cet excellent établissement. Je sais que beaucoup de ces recouvremens seront impossibles, mais j'espère qu'on parviendra encore à toucher une somme assez considérable. Il est possible aussi, que quelques personnes, portées comme mes débitrices, aient, de leur côté, d'anciennes répétitions à exercer contre moi; dans ce cas, les administrateurs dudit hôpital feront toutes les déductions convenables, et payeront même la différence, si elle se trouve contre moi, etc.

Philadelphie, 17 *juillet* 1788.

CODICILLE

annexé au Testament dont l'extrait précède.

Moi, Benjamin Franklin, dénommé au Testament qui précède, l'ayant de nouveau pris en considération, ai jugé à propos de faire et de rédiger le présent Codicille, pour y servir d'addition.

Un des points de mon opinion politique, sur lequel je me suis fixé depuis long-temps, est que, dans un état démocratique, il ne doit point y avoir de place salariée, par les motifs que j'en ai donnés dans un article de mes vues sur notre constitution; aussi, mon intention, lorsque j'ai accepté la place de président, a-t-elle été d'en consacrer les appointemens à quelque objet d'utilité publique. En conséquence, j'ai déjà, avant de faire mon testament du 17 juillet dernier, donné de fortes sommes à des collèges, à des écoles, pour des constructions d'églises, etc.; et, de plus, dans ledit testament, j'ai légué deux mille livres sterling à l'État, pour rendre la Schuylkill navigable. Mais depuis, ayant appris que cette somme serait de beaucoup insuffisante pour ces travaux, qui, d'ailleurs, ne paraissent pas devoir être entrepris de long-temps, et ayant conçu un autre projet que je crois de nature à pouvoir être plus généralement utile, je révoque et annulle cette disposition, et je veux que le produit des bons qui se trouveront entre mes mains, pour ce qui me restera dû de mon traitement, soit employé, jusqu'à concurrence de deux mille livres, de la manière que je vais déterminer.

On a pensé que celui qui reçoit un patrimoine de ses ancêtres se trouve soumis, en quelque sorte, à l'obligation de le transmettre à ses descendans. Cet engagement n'existe pas pour moi, qui n'ai jamais recueilli un sol, ni de mes aïeux, ni d'aucun parent, à titre d'héritage. Je laisserai cependant à mes héritiers une fortune considérable, à moins que quelque accident ne vienne à la diminuer avant mon décès. Je ne consigne ici cette observation que comme une sorte d'apologie que j'adresse à ma famille, relativement aux legs que je vais faire, et qui ne paraissent pas avoir un rapport immédiat à son avantage.

Je suis né à Boston, et je suis redevable de mes premières instructions littéraires aux écoles gratuites qui y sont établies. J'ai déjà pensé à ces écoles dans mon Testament; mais j'ai aussi des obligations à l'État de Massachusetts pour m'avoir nommé autrefois, sans sollicitation de ma part, son agent en Angleterre, avec un traitement honnête qui a duré quelques années; et quoique, par suite de la transmission que je lui ai faite des lettres du gouverneur Hutchinson, je me sois trouvé accidentellement en perte à son service, pour une somme beaucoup plus forte que le salaire qui m'était donné, je ne pense pas néanmoins que cette circonstance doive en rien diminuer ma gratitude.

J'ai remarqué que, parmi les artisans, les bons apprentifs deviennent ordinairement de bons citoyens; j'ai, moi-même, fait l'apprentissage d'un métier, de l'imprimerie, dans ma ville natale, et ensuite, à l'aide de prêts qui m'ont été faits par deux bons amis, je me suis établi à Philadelphie, ce qui a été le fondement de ma fortune et de tout ce que ma vie a pu avoir d'utilité. Je désire faire du bien, même après ma mort, s'il est possible, en contribuant à l'instruction et à l'avancement d'autres jeunes gens, qui puissent rendre service à leur pays dans ces deux villes; je consacre pour cet objet deux mille livres sterling, dont je donne une moitié aux habitans de Boston, État de Massachusetts, et l'autre moitié à ceux de Philadelphie, pour l'usage et dans le but dont je vais parler.

Si les habitans de Boston acceptent ladite somme de mille livres, elle sera administrée par des citoyens de leur choix, réunis aux ministres des plus anciennes églises, épiscopale, congrégationnaire, et presbytérienne de la ville, lesquels la prêteront, à cinq pour cent d'intérêt par an, à de jeunes artisans mariés, au-dessous de vingt-cinq ans, qui auront fait leur apprentissage dans ladite ville, et qui auront rempli leurs devoirs, et satisfait aux obligations de leurs brevets d'apprentissage, de manière à obtenir un certificat de bonnes mœurs, signé au moins de deux citoyens respectables : il faudra de plus que ces deux citoyens consentent à se porter cautions pour le remboursement aux échéances et pour le paiement des intérêts. Tous les billets seront souscrits en dollars d'Espagne, ou en monnaie d'or courante ; et les administrateurs tiendront un ou plusieurs livres sur lesquels seront enregistrés les noms de ceux qui demanderont et qui recevront un emprunt, les noms de leurs cautions, le montant des sommes prêtées, les dates, et tous les autres renseignemens nécessaires pour la régularité et pour la sûreté des opérations. Ce fonds étant destiné à aider, dans leur établissement, de jeunes ouvriers mariés, les prêts seront proportionnés à leurs besoins d'après l'évaluation des administrateurs, et de manière à ne jamais excéder soixante livres par personne, ni être au-dessous de quinze livres. Si le nombre des postulans, réunissant les conditions requises, est trop considérable pour permettre de donner à chacun la somme qu'il pourrait être convenable de lui accorder, on diminuera la proportion de manière à ce que chacun puisse recevoir quelque assistance. Ces secours seront d'abord peu de chose; mais comme le capital s'accroîtra par l'accumulation des intérêts, ils finiront par devenir plus considérables. Pour pouvoir servir tour-à-tour le plus grand nombre possible de jeunes gens, et pour faciliter les remboursemens, chaque emprunteur s'obligera de payer, avec les intérêts annuels, un vingtième du principal, ce qui formera tous les ans un fonds pour de nouveaux prêts.

Comme il est à présumer qu'il se trouvera toujours à Boston des citoyens vertueux et bienfaisans, disposés à consacrer une partie de leur temps au bien-être de la génération qui s'élève, en se chargeant de surveiller et d'administrer gratuitement cette institution, on peut espérer qu'aucune partie de cette somme ne restera long-temps oisive, ou ne sera détournée pour d'autres usages, mais qu'au contraire elle s'augmentera continuellement par les intérêts. Elle pourra ainsi devenir, avec le temps, supérieure aux besoins de la ville de Boston, et susceptible de fournir les mêmes avantages aux lieux circonvoisins, ou autres villes de l'état de Massachusetts qui en exprimeront le désir, à la charge par ces villes de s'engager à payer exactement les intérêts annuels, et à opérer les remboursemens partiels du capital dans la même proportion que les emprunteurs de Boston. Si ce plan est exécuté, et qu'il réussisse sans interruption pendant un siècle, la somme se montera, dans cent années, à cent trente-un mille livres, sur laquelle je désire que les administrateurs de l'établissement emploient cent mille livres en travaux publics, ainsi qu'ils le jugeront le plus utile pour la population, comme en fortifications, ponts, aqueducs, bâtimens publics, bains, chaussées, ou enfin de la manière la plus propre à augmenter la commodité de la ville pour ses habitans, et son agrément pour les étrangers qui y viennent par raison de santé, ou pour y résider temporairement.—Quant aux trente-un mille livres restant, je désire que l'on continue à en faire des prêts à intérêts, suivant le mode déjà expliqué, pendant une seconde période de cent ans, attendu que j'espère que l'on aura reconnu les bons effets de cette institution sur la conduite de la jeunesse, ainsi que les services qu'elle aura rendus à de bons et fidèles citoyens. A l'expiration de ce second terme, si aucun accident ne nuit à l'opération, on aura un fonds de 4,061,000 livres sterling, dont je laisse 1,061,000 livres à la disposition de la ville de Boston et 3,000,000 à celle du gouvernement de l'État, n'osant porter mes vues plus loin.

Je désire que toutes les dispositions que je viens d'indiquer relativement à l'administration de la somme que je lègue aux habitans de Boston, soient également suivies à l'égard de celle que je laisse à ceux de Philadelphie; avec cette différence seulement que, comme Philadelphie a un corps municipal, je prie le corps de se charger de cette administration, donnant, à cet effet, mes pouvoirs les plus étendus. Ayant observé que le terrein plat de cette ville est couvert de bâtimens et de pavés, qui faisant écouler plus loin la plus grande partie des eaux pluviales, les empêchent de pénétrer dans la terre, et d'y renouveler et purifier les sources (d'où il arrive que l'eau des puits se corrompt peu à peu, et finirait à la longue par n'être bonne à rien, fait que j'observe dans toutes les vieilles villes), je recommande qu'à l'expiration des premiers cent ans, si cela n'a pas encore été fait, le corps municipal emploie une partie des cent mille livres à amener par des tuyaux, l'eau de Wissahickon-Creek dans la ville, de manière à en approvisionner les habitans. Je crois qu'on le pourra sans une grande difficulté, le niveau de l'eau étant plus haut que le sol de Philadelphie, et pouvant encore être élevé par un bâtardeau. J'engage aussi à rendre la Schuylkill complètement navigable. A la fin du second siècle, les 4,061,000 livres seront partagées entre la ville de Philadelphie et le gouvernement de Pensylvanie, dans les proportions précédemment établies à l'égard de la ville de Boston et du gouvernement de Massachusetts.

Je désire que cette institution s'établisse et entre en activité un an après mon décès; c'est pourquoi il sera nécessaire de l'annoncer publiquement avant l'expiration de l'année, afin que les personnes en faveur desquelles la fondation en est faite puissent prendre leurs mesures. Je charge mes exécuteurs testamentaires, ou le survivant d'eux, de payer, six mois après mon décès, ladite somme de deux mille livres aux personnes qui seront dûment chargées de la recevoir par le comité choisi pour Boston, et par le corps municipal de Philadelphie.

En réfléchissant sur les accidens auxquels les affaires et les projets des hommes sont exposés pendant un si long espace de temps, je pense que, peut-être, je me suis trop flatté, lorsque j'ai imaginé que ces dispositions, si l'exécution en est entreprise, se continueront sans interruption, et produiront les effets que j'en attends. J'espère, néanmoins, que si les habitans de ces deux villes ne jugent pas convenable de leur donner suite, ils regarderont du moins l'offre de cette donation comme une marque de ma bonne volonté, une preuve de ma gratitude, et un témoignage de mon extrême désir de leur être utile, même après ma mort. Je souhaite vivement que toutes deux essaient de réaliser mon projet, parce que je pense que, s'il s'élève des difficultés imprévues, on pourra trouver des expédiens pour les surmonter, et qu'on reconnaîtra le plan comme praticable. Si l'une des deux villes accepte le legs avec les conditions que j'y attache, et que l'autre le refuse, ma volonté est que la somme totale de deux mille livres soit payée à celle des deux qui acceptera, pour recevoir la destination et être administrée de la manière indiquée précédemment pour chacune des deux moitiés. Si toutes deux refusent, alors la somme rentrera dans la masse de ma succession, et la disposition en sera réglée par mon testament du 17 juillet 1788.

Je désire être enterré à côté de ma femme, s'il est possible, et que le lieu de notre sépulture soit couvert d'un marbre taillé par Chambers, de six pieds de long sur quatre de large, sans autre ornement qu'une petite moulure tout autour, avec cette inscription :

BENJAMIN ⎫
ET ⎬ FRANKLIN.
DÉBORAH ⎭

17..

Je donne ma belle canne de pommier sauvage, surmontée d'une pomme d'or curieusement travaillée en bonnet de liberté, à mon ami, à l'ami du genre humain, le général Washington. Si c'était un sceptre, elle serait digne de lui, et bien placée dans sa main. C'est un présent que m'a fait cette excellente dame, madame de Forbach, duchesse douairière de Deux-Ponts : quelques vers qui y sont relatifs doivent l'accompagner.

Philadelphie, 23 *juin* 1789.

ÉPITAPHE DE FRANKLIN
écrite par lui-même en 1728.

LE CORPS

DE

BENJAMIN FRANKLIN

IMPRIMEUR,

SEMBLABLE A LA COUVERTURE D'UN VIEUX

LIVRE

PRIVÉE DE SON CONTENU

ET DÉPOUILLÉE DE SON TITRE

ET DE SES DORURES,

REPOSE ICI, PATURE POUR LES VERS.

MAIS

L'OUVRAGE NE SERA PAS PERDU,

CAR (AINSI QUE LUI-MÊME LE CROYAIT)

IL REPARAITRA

DANS UNE NOUVELLE

ET PLUS ÉLÉGANTE ÉDITION

REVUE ET CORRIGÉE

PAR

L'AUTEUR.

TABLE
DES MATIÈRES

CONTENUES DANS LE PREMIER VOLUME.

                                  Pages

PRÉFACE. 1
NOTICE SUR FRANKLIN. 1
Plan d'amélioration morale. . . . 61
Algèbre morale. 95
La Perte de la vie. 98
Des changemens de positions. . . . 105
Avis nécessaires à ceux qui veulent être riches. 108
Avis à un jeune ouvrier. 111
Moyens d'avoir toujours de l'argent dans sa poche. 117
Avertissement de la Science du bonhomme Richard. 120
La Science du bonhomme Richard, ou le Chemin de la fortune. . . 124
Le Sifflet. 151
Pétition de la Main gauche aux per-

TABLE DES MATIÈRES.

Pages

sonnes qui ont la surintendance de l'éducation. 157
Découverte économique. 160
L'Art d'avoir des songes agréables. . 172
Dialogue entre la Goutte et Franklin. 180
Sur le Mariage. 197
Parabole sur l'Amour fraternel. . . 202
Lettre à M. Benjamin Webb, en lui envoyant dix Louis. 206
Idées applicables dans une École d'orphelins. 208
Sur la Reconnaissance. 211
Sur la Mortification de soi-même. . 214
Sur la véritable Piété. 221
Parabole contre l'Intolérance. . . . 227
Sur la Miséricorde de Dieu. . . . 230
La Porte du Paradis. 232
Lettre à l'auteur d'un ouvrage contre la Providence. 234
Les Éphémères. 238
Sur la Mort et sur la Vie future. . . 244

TABLE DES MATIÈRES

CONTENUES DANS LE SECOND VOLUME.

Pages

Observations sur les Sauvages de l'Amérique du nord. 1
Avis à ceux qui voudraient aller s'établir en Amérique. 19
De la Sociabilité. 43
Utilité des bons Procédés. . . . 46
La belle Jambe et la jambe torse. . 49
Le Coup à la téte. 55
La Herse. 57
La Visiteuse indiscrète. 60
Modèle de Lettre de Recommandation. 66
Très humble Requête présentée à madame Helvétius par ses chats. . 68

Le Lever, ou les Courtisans.	85
Le Naufrage, ou les Pièges diplomatiques.	93
Le Bâton, ou les Garanties politiques.	97
Sur l'Ordre de Cincinnatus et la Noblesse héréditaire.	99
Réflexions sur le Luxe.	114
Sur le Prix du Blé et sur l'Administration des Pauvres.	126
Note sur le Commerce et les Manufactures.	137
Contre la Presse des Matelots.	139
Réflexions sur les Lois criminelles et contre la Piraterie.	157
Note contre les Armemens en course.	174
Contre la Guerre.	182
Contre le Duel.	185
Discours pour l'Acceptation de la Constitution des États-Unis.	188
Comparaison de la conduite des an-	

ciens Juifs, et de celle des anti-fédé-
ralistes des États-Unis d'Amérique. 195
Sur les Délits de la Presse. . . . 205
Sur le Commerce des Esclaves. . . 216
Extrait du Testament de Benjamin
   Franklin. 225
Codicille annexé au Testament dont
   l'extrait précède. 229
Épitaphe de Franklin. 243

www.ingramcontent.com/pod-product-compliance
Lightning Source LLC
Chambersburg PA
CBHW051129230426

43670CB00007B/730